U0041109

天天練習
說話魅力

◎方蘭生　著

目錄

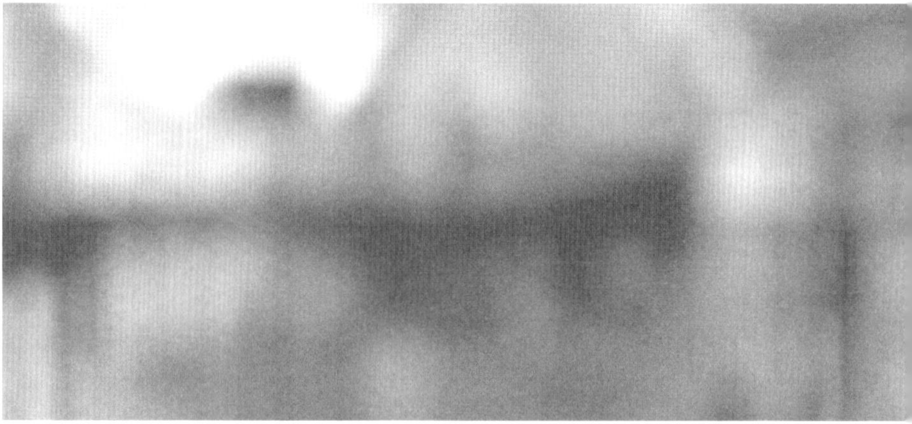

開講（序）

一樣口說百樣話

俗曰：「一樣米養百樣人」，因此形成了「社會百態」。以說話而言，其實也是「一樣口說百樣話」，同樣會產生「說話百態」。

您瞧瞧！有人說話是「一言九鼎」；有人卻「信口雌黃」。

「口才便給」的人，說起話來是「口若懸河」、「滔滔不絕」；「不善辭令」的人，開起口來則是「吱吱唔唔」或「辭不達意」。

有些人在應酬時「說話得體」、「應對有則」；有的人常會「口不擇言」、「失言失禮」。

有的人講起話來「風趣幽默」、「妙語如珠」；有些人講起話來「枯躁乏味」或頗「無厘頭」。

我們常見幾個人在一塊「談笑風生」、「有說有笑」；我們也會看到些相識熟稔的人聚在一起，竟然「沉默寡言」或「無言以對」。

許多檯面上的人物，在某些場合應邀致詞時，頗能掌握人、時、地，切中話題而「言之有物」的「侃侃而談」；但是，亦有不少有頭有臉的人，上台開起腔來，常常滿口「陳腔爛調」。不是「陳義過高」，就是「言不及義」，甚至「廢話連篇」，下台後，可能連自己都會覺得「不知所云」呢！

在電視諸多政論性的「叩應」（Call in）談話性節目中，來賓們個個「伶牙俐嘴」，真是「唇槍舌劍」。有的「言詞犀利」又能引經據典「理直氣壯」的「咄咄逼人」；也有的是「空口無憑」、「無的放矢」，不然就是「強詞奪理」亂「自圓其說」一通。

在國會殿堂的立法院內，諸多立法委員在質詢閣員或官員時，那種氣勢凌人又「語不驚人死不休」的「做秀」架勢，讓人難以招架或「敢怒又不敢言」；答詢的大官們，有的還能「針鋒相對」或不亢不卑的「實問實答」，而有的卻「言詞閃爍」，來個「牛頭不對馬嘴」或「唯唯諾諾」的猛說：「謝謝指教」！

在一些演講場合中，有的演講者開起講來「義正詞嚴」、「鏗鏘有力」，聽眾聽得為之動容、「心服口服」；有的講者亦能博古通今，「循循善誘」而令人「如沐春風」受益匪淺；當然了，也有的演講者是「自己講自己聽」，哈！因為聽眾大多已昏昏欲睡了。

從許多社會新聞的兇殺命案中，常常可以發現，只不過「一言不和」或「出口不遜」，結果竟賠上性命，這不是「禍從口出」嗎？

諸多公眾人物（尤其是政治人物）在電視記者採訪他們議題時，多是「口沫橫飛」的「對答如流」。但是，當他們成為新聞事件（指負面事件而言，如「緋聞」、「弊案」等）的主角後，面對著追逐他們的媒體時，其表現不是「睜眼說瞎話」，就是「三緘其口」。

以兩性關係而言，無論是初戀情人、熱戀男女，甚至老夫老妻，都喜歡聽彼此的「甜言蜜語」；然而一旦分手後，往往怪對方當年太「花言巧語」，甚至「惡言相向」。根據國內「囍網」的一項調查中，發現夫妻吵架最主要的原因，則是彼此不懂得「溝通」之道。

許多男士說起話來，「慢條斯理」、「不慍不火」。而「滿嘴髒話」、「愛開黃腔」的男性，亦司空見慣；有些女士說話是「輕聲細語」、「柔和悅耳」，當然開口像「河東獅吼」或「劈哩啪啦」講個不停的女性亦大有人在。

父母或主管常怪現代小孩不易管教或e世代們不好帶領、不愛聽他們「苦口婆心」之言，抱怨現在父母難為或主管難當；相反地，子女或部屬也常嫌他們的父母或主管「嘮叨」、愛「說教」、「打官腔」。

在人際關係中，「口蜜腹劍」的笑面虎或「搬弄是非」的大嘴巴，多讓人退避三舍；老愛跟人「抬槓」、「嗆聲」的令人敬而遠之；開口「胡說八道」或「吹牛不打草稿」的人，人緣自然不好；「言而無信」或「食言而肥」者，人際關係怎會好？

無論從事任何行業，在職場中「能言善道」，說起話來又條理分明的人，其成就或升遷機率較高。「說服」力強、「溝通」能力佳的行銷業務員（或主管），他們的表現和業績，一定高人一等。而從事服務業者，「口才好」、「會說話」，保證廣受顧客的喜愛、歡迎。

「開講」至此，如此讀者能用心續讀上述的序文，就會發現在文中傳達了兩點訊息：

一、多以對比的方式、型態，來描述「說話百態」，其用意是在強調每個人舌說出口後，會得到不同的評價、反應和效果。

二、在此篇「開講」中，所有加「」的文字，全部是引用許多跟說話相關的古今「成語」、「諺語」、「俚語」以及「流行語」。其目的就是要彰顯出說話在我們日常生活和工作上，所佔的分量與重要性。

說話是一種口語傳播，是一種人際互動的工具，也是一種表達技巧，更是一種言語藝術。在這方面的能力，中華民族幾千年以來，一直比較弱。近二十年來，在「淺碟文化」充斥、政治政黨惡鬥、社會風氣敗壞等等的影響。導致國人的說話能力和水平，非但沒有提升，反而趨向惡質化。

因鑒於此，特別以「說話魅力」一書，來跟讀者共同探討、分享，期能提升些日益沉淪的口語文化。

有關此書的主要內容包括：

- 如何「說得好、說得妙、說得呱呱叫！」以增強說話的魅力。
- 如何掌握與人溝通時的訣竅。
- 如何去說服他人，使人心服口服。
- 如何成為一位廣受大眾歡迎、令人心悅誠服的speaker。

臉書、網站、發Line等數位溝通，其原則與口語溝通相同，要博得好感認同，避免網路霸凌，都需認識對的溝通說話技巧。

最後，願各位讀者看完此書，都能開口說話，就魅力無窮。

第一章。

建立正確的說話態度

「言語是行為影子。」

——德謨克里脫

一個人的價值觀、信念、想法、原則、立場或行為等，往往會形成一種「態度」（Attitude）。因此態度即可解釋人們對於人、事、物及各種不同的情況，產生不同的各種反應，而說話（口語表達）就是其中最主要的反應。

「美惠，從莊經理辦公室出來後，妳怎麼一直悶悶不樂？是不是……」

「哼！當個經理有什麼了不起的，講起話來一副不可一世、頤指氣使的臭模樣，實在叫人受不了，人家陳副總地位比他高也是留美碩士，跟我們說話不是很客氣嗎？」

××××

資淺的護士在醫院角落請教一位資深的護士：「李姐，曹醫師和王醫師常常在我面前，講些令人嫌惡的黃色笑話，不然就愛說些挑逗性的雙關語，聽得很不舒服，實在討厭；妳說我該怎麼辦？」

××××

「志文，這個週末，我們找小趙再到那家飯店聚餐好嗎？那家飯店的菜炒得實在不錯哩！」

「嗯！菜是很美味，但是那飯店服務生的態度卻令人十分感冒，尤其是說起話來那副愛理不理人的樣子，真想給他一巴掌。」

××××

「劉課長，這星期天廠商謝董請大家吃飯，你要不要去？」

「我才不去呢！那謝董講起話就喜歡給人『吐槽』，說不到兩句話，就跟人家抬槓，每次飯局都被他搞得不歡而散……。」

××××

「唉！妳這孩子怎麼這麼不聽話啊?!媽是為妳好……」

「媽！妳很煩啊！一天到晚『碎碎唸』，妳不覺得累嗎？」

「這是什麼話？我就是搞不懂，媽是……」

「搞不懂？妳頭腦有問題啊？」女兒頂完嘴後掉頭就走。

母親氣呼呼：「小玲！妳給我過來！妳這是對媽說話應該有的態度嗎？妳眼中還有沒有我這個老媽？」

一開口會說什麼樣的話，態度是主要關鍵

上述五則對話的案例，經常在我們日常生或或工作中可以聽到的。每則對話之所以會造成對方「不爽」、「困擾」、「不情願」、「氣憤」等負面情緒、感受，主要因素就是那些人的「說話態度」。

一個人的價值觀、信念、想法、原則、立場或行為等，往往會形成一種「態度」（Attitude）。因此態度即可解釋人們對於人、事、物及各種不同的情況，產生不同的各種反應，而說話（口語表達）就是其中最主要的反應。所以在過去半個多世紀以來，諸多西方傳播學者，均公認「態度」是口語傳播、說服傳播各種理論的中心要素。換句話說，一個人一開口會說什麼樣的話，態度就是個主要的關鍵。比如說，一個態度很傲慢的人，不可能講出很謙虛的話；一個態度很誠懇的人，其所說的話，比較容易被人接受；一個一副「滿不在乎」態度的人，開起口來，往往會說：「管它的！」或「不然你要怎樣？」；一位服務態度很親切的店員，自然就會說些能讓顧客滿意的話。

因此，說話這門藝術，首先就必須要建立一個「正確的說話態度」。子曰：「己所不欲勿施於人。」就是以「同理心」為出發點，教我們要尊重別人的感受。而正確的說話態度，即為以尊重他人的感受、權益、規範、或習俗等等。俗曰：「揚善於公堂，規過於暗室。」其道理亦在此。如果一位主管懂得在辦公室當眾肯定、讚許或表揚他的部屬；或者當其部屬犯了錯，也能懂得把部屬請到主管的辦公室或私下規勸、糾正其錯。這位主管就是一位會說話並懂得如何帶領同仁的上司。

假如有些情況無法或不便而必須「規過於公堂」呢？那就應該謹慎、用心地去選擇規過時的措詞用字，不能口不擇言的開罵。例如，國小老師與學生互動密切、頻繁，在學校跟學生講話時，無論一句好、壞話都會影響學生，怎麼能不慎重呢！

仍普遍存在男性對女性的「沙文」話語

二〇〇〇年，台北市立師院初等教育系，針對台北縣、市國小老師評學生時的問題，做了一項研究調查，發現小學老師平均每天批評學生四十到六十次。批評學生的時段包括上課、生活與倫理時間、作業指導時間、早自習及放學整隊。批評學生的內容，則以學生的不良行為佔最多比例，調查中並列出十大負面批評用語，其中以「你去死好了」居首，其次是「像豬一樣笨」、「你是白癡啊」、「你要流氓啊」、「你欠揍啊」、「你怎麼那麼笨啊」、「你真是差勁」、「你們是我教過最爛的學生」、「你腦袋裡裝什麼東西到學校」、「你為什麼這麼懶啊」。老師以這種「惡毒」、「威脅」、「嘲諷」的態度，去「規過學生於公堂」，當然無法糾正學生們的不良行為。而此項研究中特別指出學生的反應是「生氣」、「難過」、「慚愧」、「不服氣」、「被誤會」等。因此這項研究結論，就是建議老師在糾正、批評學生時，應有正確的態度，宜以引導、鼓勵方式講清楚行為不當處，學生才能了解自己哪些地方需要改善。

由於受傳統文化「男尊女卑」的長久影響，至今依然有男性對女性的說話態度相當「沙文」，也就是說不懂得尊重女性，愛說些歧視女性，造成許多言語的性騷擾。例如，一些「大男人主義」者常會對女性說：「妳們女人家懂什麼啊！」不然就是：「唉！女人讀這麼多書幹嘛？以後還不是要嫁人。」

說話時，對女性構成「語言」性騷擾的情況，在社會的各階層或不同的場合中，可謂還相當普遍。在此篇第二則那位醫院護士的對白，絕非憑空捏造，而是有資料根據的。在一九九三年十一月十四日中國時報一篇有關性騷擾的調查報導中指出，台灣各醫院女護理人員曾遭男同事（以男醫師為主）性騷擾的比率，高達百分之四十八‧六，有關被騷擾的項目，則以「男同事講令人嫌惡的黃色笑話」為最高（佔百分之三十五），其他依次為「色瞇瞇的盯著看，令人不舒服」、「使用性別歧視的言論或稱謂」、「講述個人的性生活」、「以言語挑逗或誘惑」等。這些項目可說全部都是「語言」性騷擾（「色瞇瞇盯著看」也是一種「肢體語言」啊）。這些問題的產生，主要就是對女同事說話時的態度不正確。

近年來，在許多政論談話性的電視節目中，經常爭論一個頗具爭議性的族群議題——「我們是台灣人或中國人？」無論是現場來賓或Call in進來的觀眾，每次都出現舌劍唇槍、火爆對立的場面。一方說：「我是台灣人，也是中國人」，對方就堅持：「我是台灣人，不是中國人」；「什麼？你不是中國人，你把老祖宗都忘了，那你就是數典忘祖」，對方即刻回嘴：「你是中共同路人、賣台分子，不愛台灣……」。

尊重之外，還需親切、誠懇、友善

其實，不管是「台灣人」、「新台灣人」、「中國人」或「類似中國人」（以前某位民進黨籍行政院長，在答詢一位立法委員問他：「身為中華民國行政院長，你是不是中國人」時，他回道：「本人認為類似中國人」）……。「我是什麼人」，這應該屬於個人思想、言語自由或自我認同的問題。比如在美國，明明都是「美國人」，卻會分「華裔」、「韓裔」、「義裔」或「墨裔」等等美國人。所以在這個爭議性甚強的族群議題上，要發表言論、意見前，就必須要有正確的說話態度。那就是尊重和包容、尊重別人的權益（思想和言論自由），包容他人的感受（自我認同），而不是以敵對或強勢的態度去責罵對方。

台灣從事服務業的人口相當多（根據一項行業結構的調查，台北市就有四分之三的人口從事服務業），然而任何服務業的服務品質，能達到顧客滿意的水平並不高，而顧客抱怨最多的即為服務態度欠佳。比如服務態度冷漠、惡劣、不耐煩、不夠親切、言語粗魯或會跟顧客頂嘴、嗆聲等等。有一回我在台北搭計程車，跟那位開了二十幾年的資深司機聊到服務品質，他說：「平均而言，日本是一級棒，台灣是不及格，而中國大陸是不像話。根本原因就是服務態度問題」真可謂一針見血啊！

建立正確的說話態度，除了尊重以外，還包括親切（尤其是從事服務業、主管或長者）、誠懇、友善、開朗及自然等等。有這些正確的說話態度，講起話來，就比較容易得到正面的回應，才會邁出說話魅力的第一步。

第二章。

工欲善其事，必先利其器

燕雀用一隻羽翼不能飛，人不能憑一種語言而臻佳境。

——無名氏

在說話、溝通或說服的過程中，語言就是其「器」。如果言語不能通，還談什麼說話技巧呢？因而，在說話魅力或藝術中，就要一開口，能說出對方能懂而且樂於接受的語言。

語言是一種文化，也是族群的特徵之一，更是人際之間說話、溝通的主要工具。

世界各國為了朝野或人民之間，說起話來彼此都能懂，所以由官方明訂一種或少數幾種語言（如英、美、日、韓等國均為一種，瑞士基於歷史、地理因素，是訂法、德、義三種語言），成為統一使用的「官方語言」或「國語」（中國大陸則稱之為「普通話」）。

歷朝訂立官話，方言變小媳婦

中華民族地大種族眾多，因此各族群的語言自然也多（根據統計中華民族各地的語言「方言」多達四百多種）。為了使彼此能聽得懂（起碼在「公事」上），因之歷代朝廷都訂有「官話」（清朝雍正年間，還設有正音書院，讓諸多「南腔北調」的官員們都能正其「官音」。）

如果從「語言家族」來檢視這四百多種方言，則可分為四大語族，就是漢藏語族、阿爾泰語族、南亞語族、南島語族。其中漢藏語族是最大的「語言家族」（即使用的人數最多），而漢藏語族又分為四大支系，即為漢語、洞台語、苗傜語和藏緬語，當然其中的漢語使用範圍和人口最廣了。從漢語中，卻又可分為九個支語系，包括：一、北方官話；二、下江官話；三、西南官話；四、吳語；五、湘語；六、贛語；七、粵語；八、客家語；九、閩語（又分閩南語和閩北語）。中華民國建立後，就由教育部負責，邀請國內多位語言、音韻學家，從這九種漢語的方言中，採用其中的「北方官話」訂為全國統一使用的「國語」。

政府於民國卅八年遷台後，在風雨飄搖的局勢中，繼續推行「國語政策」，而且推行的相當「積極」，比如說，民國四十五年起，台灣省教育廳明令各中、小學，禁止在校園中使用方言（其中當然以「台語」為主，因為使用「台語」的人口最多），違者就要被處罰（在那年頭，相信還有不少人因講「台語」而被體罰或罰錢過）。以傳媒而言，主管大眾傳播媒體的行政院新聞局，也在廣播電視法中對「台語」有諸多的限制。因此，在那個年代中，開口講「台語」就像個小媳婦般，沒什麼「地位」，甚至還會被認為「沒水準」呢！

後來，隨著國內民主政治的邁進（如選舉或服務選民時，就大量使用方言）、工商的起飛和競爭（以方言來服務消費者、客戶）以及順應眾多（約近百分之八十左右的本省籍人口）的民情等，一些限制「台語」（或方言）的政令條文逐漸取消（例如民國七十六年八月起，省教育廳通令各中、小學，不准處罰在校園中說方言的學生；民國八十年初，新聞局的廣播電視法修訂時，對有關方言的限制，予以取消等）。接著，全省鐵、公路局即採用雙語（國台語）方式播報班次，而國內航線的各航空公司班機亦跟進（除了國台雙語外，還多加了客家語了）。

語言文化，人際溝通

民國八十年前後，可說是台語出頭天的代表期，民國七十七年二月十七日（農曆年除夕），李登輝總統「親口」以國台雙語在台視、中視、華視三家電視聯播節目中，對全國同胞「說年話」，可說是奠定台語「地位」了；同年的十一月，當時不懂台語的僑選立委簡漢生，以外省子弟的身分，呼籲執政當局：「應尊重方言，培育方言師資，從事方言教育」，並引起很熱烈的迴響；民國七十八年起，中華語文中心閩南語部主任方南強，應外省籍立委之邀，到立法委員會館，開班教授台語；民國七十九年三月，成功大學護理系開設「台語」課程，成為國內大學中首開之例；同年的十一月起，七個民進黨執政的縣市中，開始在國小實行「國台雙語教學」。

小媳婦也有熬成婆的一天。民國八十年後，在國內掀起一陣狂學台語的熱潮，就以盛行國語的台北市來說，從行政機關到公司行號，紛紛開設台語班，不然就以公費補助員工去學台語。真是曾幾何時，「大家來說國語」已轉變成「大家來說台語」，即使身為當時的台灣省主席宋楚瑜亦不例外，在民國八十二年底，一上任省主席就開始學台語了。民國八十二年四月一日，聯合報就針對此「台語熱潮」發表一項以「您最常使用什麼語言？」為題的民調：

- 和家人交談時——百分之六十使用閩南語；百分之二十二使用國語。
- 和朋友交談時——百分之五十使用閩南語；百分之三十二使用國語。
- 工作上交談時——百分之四十三使用閩南語；百分之四十二使用國語。

（按：閩南語又稱「河洛話」，俗稱「台語」或「台灣話」。上述民調中，還包括客家語及其他方言，因與本文主題較不相關，故省略其所佔的百分比」。由這項民調很明顯的看出，目前在台灣兩千三百多萬的人口中，講「台灣話」的「主流」地位了。）

幾年前，我女兒剛甄選上大學時，向我要一個「長江三峽十日遊」（現在已經沒有「長江三峽了」）的獎賞禮物。女兒隨旅行團出遊前，我曾經跟她說：「妳到四川省時，那一億人口的四川人，他們所說的『主流』語言是四川話，通用的語言則是『普通話』（即台灣所稱的國語）；等妳最後到達上海時，那二千多萬的上海人口，他們的『主流』語言是上海話，通用語言也是『普通話』；等妳回到台灣時，台語是『主流』語言，國語是通用語。這就是語言文化，是人與人之間的溝通、傳播工具，跟共產黨、國民黨或民進黨毫無關係。因此爸爸用心良苦，讓你們兄妹倆從小就先學會台灣話，就是能講台灣的主流語言」。

如果言語不能通，還談什麼說話技巧

論語有曰：「工欲善其事，必先利其器」。在說話、溝通或說服的過程中，語言就是其「器」。如果言語不能通，還談什麼說話技巧呢？因而，在說話魅力或藝術中，就要一開口，能說出對方能懂而且樂於接受的語言。

一九八七年，美國人際、口語傳播學者吉雷士等四位教授，曾發表一篇「口語包容理論」（Speech Accommodation Theory），在此文中特別指出，當人們進行口語溝通、表達時，以改變自己的口語風格和語言，來配合並適應對方，期能增強說話、溝通效果或彼此的認同感。

一九九三年底，宋楚瑜上任台灣省主席，曾很下功夫去學台灣話，主要是想得到全省省民的認同，二〇〇八年台灣總統大選時，兩位總統候選人馬英九和謝長廷，他們在幾場電視辯論或政見發表會開場問候語中，均異口同聲以國語、台語、客家語、原住民語，跟選民致意。其主要目的，也是希望得到更多選民的認同。

有一次我以「說話的藝術」為題目在外演講時，就問在座的聽眾：「請問目前台灣最流行或通用的語言是哪一種語言？」。

有人馬上回答：「國語」。

有的則說：「是台語」。

還有位聽眾很俏皮的答道：「是『台灣國語』（意即濃重台語音的不標準國語）」。我就笑一笑：「各位的答案都錯了，如果把各位錯誤的案組合起來，就對了。目前台灣最流行或普及的語言，是『國台混合語』（即國語和台語夾雜、穿插著說）。」全場不禁會心一笑。

比方說，我們去買日用品，店員就常會介紹：「這些產品中（國語發音），某某牌『尚讚』（台語，即最好之意）。」

在交際應酬的飯局上，也常會聽到：「我敬大家一杯（國語），『呼乾了』（台語乾杯之意）。」

國台混合語，成了台灣主流

由於近年來經濟不景氣，在工商界最常聽到：「生意愈來愈差（國語），所以心情鬱卒了（台語）。」又是一句「國台混合語」。

君不見電視的綜藝節目或政治性的「叩應」（Call in）節目，無論是主持人、來賓以及「叩應」進來的各地民眾，不都是講的滿口「國台混合語」嗎？甚至各電視台「正經八百」播報新聞的主播們，在字正腔圓的國語當中，偶而也會穿插一兩句台語呢！

世俗如此，即使是「脫俗」的宗教人士，現在開起口、講起道來，亦無法「脫俗」了。以前，曾在電視中觀賞聆聽過慈濟當家的證嚴法師講道，以一口道地的台語，心平氣和又慢條斯理的闡經宏道，來感化普羅大眾之心，令人印象深刻。最近，有次我看電視「無意」之間轉到慈濟的「大愛」台時，竟然發現證嚴法師以「兩段台語，三句國語」互相交替娓娓地佈道講理。真是跟得上時代潮流啊！這才是所謂的「入世」呢！

政治人物也不落後，馬英九在當台北市長時，決心大刀掃黃，有次開記者會公開對從事色情業者宣戰：「好膽嘜走（台語），總有一天抓到你（國語）」。

親民黨主席宋楚瑜的台語比馬英九「輪轉」（台語，即很溜之意）多了，常在媒體面前以「國台混合語」批評時政。例如談到我國的外交，就評說：「我國的外交是金錢外交、凱子外交（國語），就是『ㄅㄢ仔』外交、『ㄍㄧㄢˊ頭』外交（台語，意即凱子、傻子）」。

前總統李登輝，這些年來頗愛以國台混合語開罵。有次他老人家開口批評前國民黨主席連戰：「ㄏㄟ（台語『那』之意）連戰（國語），什麼政治學博士（國語），笑死人（台語）！」

連戰原本就「精通」國台雙語（他的國語發音標準，台語腔調純正），從電視媒體上看到李登輝批評他，也在媒體前不甘示弱的回道：「身為前國家元首，講那種話（國語），教歹囝仔大勢（台語，教壞小孩之意）。」

當然了，所謂「國台混合語」也不是「請裁講講」（台語，即隨便講之意），要能靈活地運用。其基本要訣是以視對方的感受為主。如碰到對方習慣用國語時，就以國語對談；假如對方愛講台語時，當然就用台語來對話。以此類推，如果對方習慣、喜愛聽講其他的方言（比如客家語、廣東話、上海話、四川話等等），而你又能講，那就能拉近彼此的距離，增強雙方的認同感。

多聲帶語言能力，事事無往不利

語言，是多多益善。多學一種語言，就多一種說話、溝通的工具。但是不管學任何語言，最好能把它學好，也就是能講得道地、純正、流利。如果能把某種語語講到標準，不但易懂、易通，被對方認同，而且還能散發語言說話的魅力。

相反的，如果語言學到半吊子，發音不標準，講得不夠「輪轉」，人家聽得不但吃力、彆扭或排斥，那就談不上魅力了。例如，二〇〇八年國內總統大選，在兩位總統候選人的電視辯論及政見發表中，馬英九曾經以台語講了一兩小段，但是發音不準、不「輪轉」的程度，聽得直叫人替他捏把冷汗。既然沒有把握或沒有功力把台語講得「輪轉」，還不如都以國語論述，反而比較流暢、自然。

幾年前，我第一次回中國大陸河北省威縣探視。在幾十位親戚面前，當然就以家鄉話跟大家交談。在老家住了幾天後，有一回我就用家鄉話問我的姪女：「秋紅，妳認為我的家鄉話說得好不好？（因為我在台灣住了幾十年，待家裡全部都是跟家母、長輩講河北家鄉話，所以自認為母語講得很道地）」。

沒想到姪女笑了笑：「大爺，您的家鄉話一聽就知道是外地人。您的普通話說得挺好的，還是講普通話我們聽得比較習慣」。哈！姪女這段話，對我而言真是當頭棒喝。因此我現在跟家鄉晚輩都以國語交談，長輩們因為不會說普通話，所以我還是用「外地人的河北方言」跟他們互動，他們比較不會見「外」。

有一次，女兒問我：「爸，上星期跟那些叔伯阿姨們聚餐時，我才發現劉伯伯超厲害的，不但台語、英語不輸給爸爸，而且廣東話講得好溜呢！」

我笑了笑：「小蓁，妳只知其一二，而不知三四五呢！劉伯伯除了英語、台語和廣東話很流利以外，他的福州話、上海話，甚至四川話都講得很道地。他能在兩岸及國外生意做得那麼好，除了懂得經營有生意頭腦之外，他那多聲帶的語言能力，也是他能無往不利的重要因素。」

第三章。從言簡意賅到出口成章

君子話簡而實，小人話雜而虛。

——無名氏

一件事情講半天，不是抓不到重點，就是語焉不詳，令人著急；既說不清楚又講不明白，使人聽完覺得不知所云。這些毛病的共通點，就是說話時不懂得言簡意賅。

有一次，有人問英國首相威爾遜（Harold Wilson）：「內閣部長們平常都做些什麼事？」

他毫不遲疑的回道：「都在開會。」

威爾遜的妙答，真是一針見血。

多數言不及義，開會浪費時間

據調查，美國企業的行政主管，每個花在正式會議的時間是三至四小時，而非正式會議的時間，則每周都超過一天多。英國和日本企業界的情況更糟，平均一般主管花費在正式和非正式會議上的時間，差不多是所工作時間的一半。

另一項調查研究指出，在企業界中，十個有九個人認為他們開會的時間有一半是浪費掉了。而浪費時間的主因之一，就是在開會時，大家（包括主持會議、出席、列席者）的發言不夠言簡意賅。如果大家在會議中的說話技巧都能像威爾遜一般，那不就幫公司省下一大筆錢了嗎？因為「時間就是金錢」啊！

瞧瞧咱們的立法院，經常可以在電視新聞中看到許多立委問政的品質，實在不夠優質。質詢內容或發言技巧，真令人無法恭維。選出這些立法委員，不也是在浪費我們的錢嗎？

在我們日常生活中，聽很多人在說話時，常叫人有「急」、「煩」或「不懂」等的感受。一件事情講半天，不是抓不到重點，就是語焉不詳，令人著急；把事情反反覆覆地講個不停或一直嘮嘮叨叨，讓人不耐煩；表達一件事，既說不清楚又講不明白，使人聽完覺得不知所云。

這些毛病的共通點，就是說話時不懂得言簡意賅。

吻或親嘴的英文字是Kiss，而keep it super simple一句的「縮寫」就是kiss。說話時，要「保持超級簡單」，就能達到言簡意賅。因此，張開口說話，請別忘記「香吻」（「kiss」），一笑！

打開論語，你就會發現孔子就是一個很懂得「kiss」的善言者。例如：齊景公向孔子請教行事為人之道時，孔子就只用八個字回答：「君君、臣臣、父父、子子。」言不夠簡、意不夠賅嗎？

凡是讀過新聞學的人，都知道這一則故事——美國早期「西部片」時代，有個記者天天到鎮上去跑新聞，結果大多是空手而回。他就請教報社的一名老編輯（「老師傅」）：「到底什麼是新聞？」老編輯就回道：「**If a dog bits a man, it is not a news; If a man bits a dog it is!**」這句「狗咬人不是新聞；人咬狗才是新聞。」即成為新聞學的「名言」，因為它言簡意賅地闡釋出新聞定義的「不尋常」性。

以邏輯、條理方式，精確說出重點

說話時，能「一針見血」或「針針見血」，即為言簡意賅的圭臬。在口語傳播學的理論中，稱之為說話的「精確性」（precision），就是強調說話的措辭用語，要精簡和準確，也就是在說明、敘述、解釋或回答一件事情時，要能掌握重點，以邏輯、條理的方式很精確地說出來。

在新聞寫作中，有所謂「導言」（lead），就是一則新聞的第一段。通常的「導言」都必須具有「五W」與「一H」，「五W」是：何事（what）、何人（who）、何時（when）、何地（where）與何故（why），「一H」則是如何（how）。這種新聞寫作的方式，主要就是要先捉住整個新聞的重點，以精確的方式報導之，讓讀者用最短的時間，即可從幾十個字的「導言」中，了解這個新聞事件。例如中國時報在二〇〇二年七月一日世界盃足球冠軍賽的新聞「導言」——牽動全球數十億人口神經，過去一個月製造無數話題的世界盃足球賽，昨晚在橫濱落幕。「南美雄獅」巴西隊，在冠軍賽發揮「森巴足球」美技，靠羅納多個人獨進兩球，以二比〇力克德國隊，捧回史無前例之第五座雷米金盃。羅納多本屆個人進球累積達到八球，榮獲代表進球王的「金靴獎」。這則新聞的「導言」，可說把這場冠軍賽的所有重點、精華全部報導出來，說話中言簡意賅的「說法」就可以此為範本。

例如有一名高中女生放學回家，跟她母親敘述放學途中的一件事：

「媽，我剛才放學經過小公園處時，碰到好久沒來我們家的許阿姨呢！許阿姨還特別要我問候妳和爸爸好，還說她最近要出國，等月底回來後，想跟我們全家聚個餐。」

「噢！我是好一陣子沒看到許阿姨了，還滿想她呢！大家能吃個飯敘一敘，太好了！對了，小娟，阿姨還說什麼？」

「嘻嘻，阿姨還說我長高了，愈長愈漂亮了。我就跟阿姨說，媽常誇讚阿姨是大美人，一點都不像結過婚又有兩個小孩的媽媽。」

「哈！小娟，妳真會說話啊！」

恰當的措辭用語，修飾、包裝話語內容

由這段母女的對白，小娟確實掌握到說話的要訣。不但言簡意賅地說出放學途中遇到許阿姨的經過，同時也懂得分寸回應許阿姨對她的誇讚。

言簡意賅可說是說話技巧中的基本動作，再選用恰當的措辭用語，把言簡意賅的內容加以修飾、包裝，就是說話技巧中的高級動作。如能展現說話技巧的高級動作，才能達到舌燦蓮花、出口成章的境界。所謂「人要衣裝、佛要金裝」，說話時也要懂得包裝，道理是一樣的。

古云「書到用時方恨少」，說話時的用語措辭也是一樣「詞到開口才知窮」不是嗎？為什麼說話時會覺得「詞窮」？就是少讀書，平時少吸收這些辭彙。因此，平常時就要多準備、多充實、多用功，不但要多看，也要多記，甚至要多背。尤其是一些形容詞、成語、典故、格言、諺語、俚語、詩詞以及流行語等等，平時就要從書刊、報導或網路上去吸取、記背，經年累月下來，這些就成為你說話時的「詞庫」，脫口之際，就不會覺得「詞窮」了。

我個人每次在閱讀書報刊物時，都習慣把刊物中的好字彙、詞句、成語或流行語，抄記到我的一本筆記本中，沒事就會翻開那筆記本，記背一次，等到開口要用時才不會忘詞，而且可以靈活的運用。比如說「逗」的相關語或同義詞，就有「揶揄」、「調侃」、「捉弄」或「消遣」等。形容兩人的交情很好，雅一點可用「私交甚篤」，通俗的可說「哥兒們」，女性則可用「姊妹淘」、「金蘭之交」，台語可說「姊妹仔伴」，男性當然可用「死忠兼換帖」。流行語則是「麻吉、麻吉」。

有一回，一位老友過生日，一桌十二人談笑風生，觥籌交錯，愉悅無比。其中一位女性來賓是模特兒，高䠷貌美、氣質亦佳。席間無論是敬酒應對都很得宜，因此她成為整個壽宴中的焦點人物。席散時她搖曳生姿的走過來，跟我們握手道別時，我旁邊的一位哥兒們不禁對她稱讚：「劉小姐，妳真是風情萬種，迷倒眾生」。我就回頭跟那位哥兒們說：「你真會說話，用風情萬種來形容她的魅力，可說言簡意賅，一針見血嘍！」

古今用語兼備，博得滿堂采

偶爾我也會跟一群登山社的朋友去爬爬山，活動下老筋骨。有一次去爬陽明山一個古道，等大夥氣喘喘、汗流浹背的都登到山頂時，都被一望無際的山色所迷住，女性夥伴均讚嘆：「好美噢！」或「好漂亮啊！」，好幾位夥伴就問我的觀感：「方教授，你覺得怎樣？」我就深深吸口氣：「真是所謂的層巒疊翠，氣象萬千啊！」大夥兒笑道：「真不愧為教授，都出口成章啦！」

二〇〇五年暑假，我第一次到上海演講，講題是「魅力公關」，講到「公眾」（public）時，我特別引用愛國詩人陸放翁的一首詩「人材衰靡方當慮，士氣崢嶸未可非，萬事不如公論久，諸賢莫與眾心違」，來強調自古以來「公眾」的重要性。演講後，上百個聽眾擁過來，要簽名、合照，除了誇讚我演講如何精采之外，還有不少聽眾特別提到我的演講內容很有文化水平。其實，那首詩或演講中的引經據典，都是我平常閱讀時，硬背下來的。因為我知道，在中國大陸歷年的領導（包括江澤民、胡錦濤、溫家寶甚至習近平等），都喜愛在公眾面前秀兩段詩詞。我到中國大陸演講，當然不能「詩缺」或「詞窮」嘍，台語叫「輸人不輸陣」不是嗎？

一九九七年，台北市成淵中學創校百年的校慶大會，時任總統的李登輝、副總統連戰、台灣省長宋楚瑜以及台北市長陳水扁，均應邀參加這百年校慶。在慶典中，這四位重量級的人物當然會受邀上台致詞。他們先後到講台致詞，等於是一場不記分的演講比賽。

宋楚瑜致詞時，特別提到當年他就讀成淵高中的國文老師如何嚴格的逼他們背書，並當場一口氣背出宋朝蘇東坡的「赤壁懷古」詞賦，同時還能穿插引用時下年輕人的流行語，他說：「民國四十五年到四十八年，我在成淵中學就讀時的同學，現在都已『LKK』（台語的『老殼殼』，指『很衰老』之意）。當年學生孜孜矻矻埋首念書，衣服穿不好，看起來都『SPP』（台語『俗斃斃』，指『很土氣』之意）。」從「大江東去，浪淘盡，千古風流人物……到「LKK」、「SPP」號，宋楚瑜這些話，不但博得滿堂喝采，也逗得全場大笑。

接著宋楚瑜又說，日前訪問省府的美國州長，致詞時還要念事前準備的講稿，而他本人則可用英文即席演講，他笑著說：「不是吹牛皮，成淵教的。」然後他又說，台灣雖小，但可以做得讓人覺得了不起，他是「made in Taiwan」，以身為台灣培養的人才為榮；隨後宋楚瑜就要台下的學生跟著他一起高聲念英文：「we are small but we are great.」（我們很小，但我們很偉大）。」台下又是一陣熱烈的掌聲。

平時多背多記，詞窮說不出漂亮話

結果，在成淵中學創校百年的校慶大會中，所有大人物的致詞中，眾多媒體給宋楚瑜的演講評價最高，等於是「大人物演講比賽」的第一名。宋楚瑜能在致詞中「出口成章」，無論是國文、英語或時下年輕人的流行語，這些措辭遣字口語功夫絕非一夕就有的，而是多年用功才能做到的。

我們在看電視新聞時，都會覺得主播口才不錯，不但播報的流暢，而且字彙用語都很豐富，不會覺得他們「詞窮」。那是因為他們播報新聞面對鏡頭的下方有讀稿機，主播就是把讀稿機中事先寫好的新聞稿，順暢的讀一遍而已，而非個個主播都能出口成「聞」。有時碰到重大新聞時，主播就會把新聞透過衛星轉播（SNG）交給在新聞現場的記者，那些記者拿著麥克風在現場直播新聞時，就無法像坐在主播台的主播們播報的那麼順暢，而措詞遣字也沒主播那麼恰當、精準和豐富。主要原因是新聞現場沒有「讀稿機」，在場的記者必須靠一些簡要的筆記及正在發生、進行的新聞實況，來做專業的現場播報。因此他們播報時往往口語不流暢，「嗯嗯……啊啊……這個、那個等贅字較多，在詞句方面也明顯乏匱。比如：「……這場大火非常兇猛，在附近的居民都非常驚恐，周遭的建築物也非常危險……」，連續三、五句中都是用「非常」，記者在做現場新聞報導的措詞用字，真是「非常」詞窮。除了「非常」之外，難道不能用「十分」、「相當」、「異常」、「很」、「特別」等等嗎？譬如：「這次颱風十分強烈，雨勢也非常兇猛、雨量相當充沛，民眾要特別做好防颱措施……」，如此措詞不是很漂亮、靈活嗎？

因此，平時要多記、多背一些用義詞句，同時也要懂得活用，才能在張口說話時，把話說得漂亮，而展現出說話的魅力。

第四章。會說好聽話，人緣處處佳

很多人都知道怎樣奉承，但卻只有少數人知道怎樣讚美。

——菲列浦

說出對方最引以為傲、最值得誇讚或最與眾不同的優點，那就等於花錢要花在刀口上一般，如此講出好話才能發揮「動聽」或「中聽」的效果。

有一次，我路過台北市香火鼎盛的廟寺行天宮，看到行天宮在路邊候車亭內所做的海報——「讀好書、說好話、行好事、做好人」。

有一天我回到家，在信箱裡發現一張「南方一指南天佛院」的傳單，寫著「十大日勉」，其中第二條日勉即為「嘴巴甜一點」。

有回我到大愛衛視去錄影，製作單位特別送我一張「證嚴法師靜思語錄」的折合卡，其中第二句就是「口說好話、心想好意、身行好事」。

說話像花錢一樣，要用在刀口上

法鼓山的聖嚴法師在二〇〇〇年，親手寫「大好年」春聯廣贈眾生，並勸大家能「說好話、做好事、過好年」。

佛家是勸人為善，相信輪迴，所謂「善有善報，惡有惡報」。近年來，除了繼續苦口婆心的勸普羅眾生行善做好事之外，為什麼佛教界的諸家代表性的領袖大師，竟然還要勸社會大眾「說好話」、「嘴巴甜一點」呢？其主要原因應該跟咱們整個社會語言文化的惡質化有密切的關係。從市井小民脫口「國罵」、「訐譙」（台罵），到國會殿堂質詢發言的「不要臉」、「×伊娘」；由部長級的「LP」、「混蛋」到國家元首的不遜文言「夭壽」、「豎仔」（痞子之意），真是所謂「罄竹難書」。這些惡言謾罵的現象，如此的充斥於社會各階層，難怪佛門的諸位大師開始要勸國人要「說好話」、「嘴巴甜一點」嘍！

再從人性的角度而言，任何人天生就喜歡聽好聽的話。開口能講些好聽的話或嘴巴甜一點，當然就能令人心悅、高興，而能讓人心情愉悅、開心的話，不也是行善、做功德嗎？

但是，「說好話」很容易說嗎？不見得。首先要懂如何用心去說，也就是說出對方最引以為傲、最值得誇讚或最與眾不同的優點，那就等於花錢要花在刀口上一般，如此講出好話才能發揮「動聽」或「中聽」的效果。

俗云「歲月不饒人」。凡是中年婦女（尤其是進入「更年期」）最怕的一個字就是「老」。所以眾多「歐巴桑」、「阿姨」級的婦女紛紛去「拉皮」、「割眼袋」……等，無非想在臉蛋上能割除一些「老痕」。如果碰到她們，說她們不顯老，當然就是好話了。

有一回和家人在一家餐廳吃飯，別桌有一位中年婦女走過來跟我致意：「方教授，前兩個月您到我們那個女性扶輪社演講，您實在講得太精彩了，從頭到尾毫無冷場，到現在社員們還在津津樂道呢！」接著：「您記得我嗎？我就是在演講時擔任介紹您的司儀啊。」

「哈！我當然記得，妳的口才真好，很會介紹我。說我是國內的公關大師、傳播大師又是幽默大師，我實在不敢當。」我搖搖頭接著：「但是，有件事我真的想不通，直到現在我還百思不得其解。」

她馬上問：「什麼事？」

「貴扶輪社的社員年紀不是不相上下嗎？」

「對呀！我們大多是有子女的『歐巴桑』了。」

「沒錯，她們都變『歐巴桑』，為什麼妳不會變老，一點都沒有『歐巴桑』的樣子，就是這件事我一直想不通。」

「方教授，您嘴巴真甜，真會說好聽的話。」

全天下的女兒，不會喜歡「當」媽媽的妹妹

不只是女性而已，即使男性步入中年以後，也不喜歡聽到「你老嘍！」或變「蒼老」等話。相反的，當然愛聽些「沒老」或「不顯老」之言。

去年，彰化市文化局邀請我去演講。當我進入會場時，有一位女性聽眾很興奮地帶著讀國小的兒子，過來要跟我合照留影：「方教授，十五年前我在彰化聽過你的演講，今天特別帶著我兒子一起來聽。啊！你怎麼都沒有變呢？跟十五年前一模一樣，都不會老啊?!」哈！結果那場演講，我講得特別帶勁，就是因為演講前，聽了那位女性聽眾那一句好聽的話。

有一次我在一個公共場所，遇到一位認識多年的政治人物，兩人握手寒暄：「教授，那天在有線電視頻道，看到你的演講節目，真是風采依舊，妙語如珠。」

他會說那麼好聽的話，我當然不甘示弱：「吳委員（立法委員），您是不是有個外號？」

「是啊！我的外號叫『球王』，因為我的高爾夫球平均都是七十幾桿，幾近職業級水準，所以在政界他們就封我『球王』。」

我搖著頭：「不是，您的新外號應該是『老妖怪』。」

甚感不解的他：「為什麼是『老妖怪』？」

「您的年紀已經邁過花甲之年，但是看起來活像四十幾歲的壯年之齡，那不成了『老妖怪』嗎？」

他開心笑道：「嗯！這個外號我很喜歡。哈！再過幾年，我看方教授也會變成『老妖怪』了。」

「賢內助」是誇讚人妻之言，「賢妻良母」也是稱讚為人母的好話。此外，如果一位母親跟她那婷婷玉立的女兒站在一塊，看起來像一對姊妹的話，這當然會是她引以自豪之處了。

劉太太的女兒剛考上大學，劉太太就帶著她女兒到百貨公司幫她女兒買禮物。剛巧遇到她以前工作那家公司的老同事李先生。

「李大哥，好久不見，你還記得我嗎？我們以前是同事啊，我叫小敏。」

「哇！小敏，我當然記得，以前妳是我們公司的美女。幾年不見妳還是這麼漂亮。」接著就指著劉太太的女兒問：「這位是……？」

「噢！她是我的女兒，剛考上大學，我特別帶她來買個禮物……。」

「什麼？她是妳的女兒，如果妳不介紹的話，我還以為妳們倆是姊妹呢！」

劉太太當然喜歡聽這種好話，然而她女兒可能聽得會覺得刺耳。因為全天下的女兒（尤其是年輕的女兒），不會喜歡「當」媽媽的妹妹。

假如碰到另外一位會講好話的張先生，情況就不同了，因為張先生講起好話，就比李先生用心。

叫阿婆姑娘，不遭白眼才怪

情況是一樣，但是在百貨公司碰到的張先生。

「張大哥，好久不見，你還記得我嗎？我們曾經是老同事啊，我叫小敏。」

「哇！小敏，我當然記得，以前妳是我們公司的美女。幾年不見妳還是這麼漂亮。」接著也是指著劉太太的女兒問：「這位小姐是……？」

「噢！她是我女兒，剛考上大學，我特別帶她來買個禮物……」（以上的對白和李先生都一樣，接下去就有所不同了。）

「哇！剛上大學，恭喜啊！妹妹。今年大學院校美女又多了一位。媽媽是大美女，女兒是小美女。小敏，你們家專門出產美女啊！」

「謝謝叔叔的誇讚，叔叔太會說話了。」女兒接著就跟她媽媽說：「媽！我要去後面那個專櫃看看，好嗎？」

「好，妳先去瞧瞧，我跟張叔叔敘敘舊，馬上過去。」

劉太太的女兒剛走開，張先生迫不及待：「小敏，妳是怎麼保養的，妳如果不介紹她是妳女兒，我剛才還以為妳們是一對姊妹呢！」這就是張先生說好話用心、細心與李先生不同之處。

說好話要用心、細心，尤其是從事服務業或做任何生意的，嘴巴甜一點，客戶才容易開心，才會雙贏。

記得我在美國紐約讀書打工時，是在一家飯店夜總會當調酒師（Bartender），除了工資外，小費是我們主要的收入。我發現和我每晚一塊的工作夥伴（其他的調酒師），非但人長得又高又帥，而且一個嘴巴比一個甜。客人來時一句「You are looking good.」可謂琅琅上口。

有一回，我聽到一位我的工作夥伴羅伯（Robert）跟兩位阿姨級的客人打招呼：「Good evening, young ladies.」，我就相當納悶不解，明明是「歐巴桑」的中年婦女，只要說：「晚安，女士們。」即可，為什麼要說成「年輕的女士們」，難道不怕刺激她們而引起不悅嗎？後來我才了解，她們就是喜歡聽「年輕」的好話，甚至老太婆們都喜歡稱呼她們「young lady」。結果這一套「好話」我也學會了，而且還懂得舉一反三。有一次三位祖母級（她們的年齡加起來保證超過兩百歲）的老太太們從飯店大廳轉進夜總會酒吧，我迎面就是一句：「Good evening young girls.」結果她們三位都樂翻了：「Young man; You are so sweet.」，當然了，她們離開時給我的小費也讓我樂翻了。

東西文化有所差異，這一句「年輕姑娘（或女孩）」在美國行得通。在台灣就不能依樣畫葫蘆了。遇到祖母級的女性，還是保守的問候「老太太（台語就稱「阿婆」），您好！」。假如你「美國化」的稱呼祖母級的「阿媽」為「年輕姑娘」，保證遭受白眼，搞不好還回你一句：「姑娘！姑你的祖奶奶。」一笑！

幾句好聽的話，理性消費者也破功

我女兒就讀國中時，有次她們母女倆到中興百貨「血拼」（shopping）。母女倆提著一袋又一袋的衣服回到家。

「爸！你要睡不著覺了，媽媽今天在百貨公司買了好多好多件衣服，快把信用卡刷爆了。」

「為什麼一下子買這麼多衣服？妳頭殼壞了。」我就瞪著老婆說。

女兒笑著：「媽原本計畫買兩件而已，後來那位專櫃小姐猛誇媽媽人漂亮，身材簡直是衣架子。還說一點都不像結過婚生過小孩的女人，所以嘛！媽就被那些好聽的話沖昏了頭，一件又一件的試，一套又一套的買嘍。」

不要說我老婆聽幾句店員的好話，會情不自禁的，就連我認為「理性消費者」的我，聽幾句好聽的話，照樣無法自控荷包。

熟悉我的人，大多知道我喜愛中國書法，也愛用鋼筆（自來水筆）。當我寫信或寫作時，特別喜歡用鋼筆書寫。手握一支心愛的鋼筆，恰如掌握整個心靈的動脈。書寫時那股行雲流水般的舒暢感，讓人怡然自得，手順心爽，文思泉湧。

雖然我算不上是專業的鋼筆蒐集迷，也未加入「墨騷客俱樂部（國內一個蒐集筆的社團）」，但也可說是個筆痴，手頭上亦擁有幾十支還不錯的鋼筆，如MONT BLANC、CROSS、SHEAFFER、PARKER、OMAS、WATERMAN、PILOT等名牌筆。因此，每當我路過書局或文具店時，總會駐足售筆的玻璃櫃前，瀏覽一翻，偶爾也會添購一兩隻新筆。

前幾年有回我和女兒逛街，看到一個外銷鋼筆為主的專櫃，自然就過去觀賞。沒想到那位專櫃小姐非常親切地招呼我們，而且還很仔細介紹各類筆的特色。我就很感興趣的挑了幾支不同筆尖的鋼筆試寫，並一支一支的問其價錢。然後輕聲跟我女兒耳語：「這些筆雖然不是名牌筆，但支支造型不賴，而且書寫甚佳，真是物美價廉。」

女兒笑了笑：「爸，心動了，要買幾支？」

我就伸出兩根手指，意思是決定要買兩支。一支是筆尖超粗型的美術鋼筆，另一支則是造型典雅而書寫又順暢的一般用鋼筆。

沒料到那位專櫃小姐用溫和又驚讚的語調：「先生，您真有眼光，您挑的這兩支鋼筆，是我們公司外銷中的精品呢！」接著她指著我在紙上試筆時所寫的一些字：「您寫的字好漂亮啊！是不是練過書法？」結果我又多買了另外兩隻鋼筆。

離開那專櫃後，女兒馬上問：「爸，你不是說買兩支，怎麼買了四支呢？」

「因為那小姐講了兩句好聽的話，爸爸聽了很開心，就動了心多買了兩支。」

女兒就俏皮地回道：「爸，我和哥哥從小就覺得爸長得很帥，而且我發現你愈老愈帥了，真的是愈老愈帥呢！爸，你聽，我剛剛也講了兩句好聽的話，等一下是不是也給我買兩件衣服？」

甜言蜜語適可而止，切不可花言巧語

俗曰「千穿萬穿，馬屁不穿」，只是形容說奉承的話，其力無窮，也有嘲諷「拍馬屁」者之意。因此，這篇「說好聽的話」，並非鼓勵大家當「馬屁精」，而是提醒大家在講好話時，應該注意（即用心也）措詞用字，要恰當、要得體。假如在眾人面前，對著某人（尤其是長官、老闆們）說一堆拍馬逢迎、阿諛諂媚之語，其他人聽在耳裡，當然會覺得噁心、肉麻。

記得李登輝當總統並兼國民黨主席時，有一位傳媒工作者，能夠年紀輕輕就平步青雲當上中央日報社長，後又高升國民黨文工會主任（兼國民黨發言人）。新聞界和政界人士都知道他是靠拍李登輝的馬屁，才能步步高陞。有一次記者們就諷刺他心中只有李登輝，只會聽李登輝話，唯命是從。他老兄竟大言不慚回答：「李主席對我而言，不祇是主席、長官，可說是信仰。」話後隔天就有多家報紙評論、筆伐，說他肉麻得不像話。哈！一般而言，只有是「神」，才談得上「信仰」，不是嗎？這種馬屁話也實在太「神話」了。

二〇〇〇年初夏，台北縣市、桃園等地水庫都快乾了。在缺水、停水、限水之下，民眾都叫「旱」連天。還好天公做美，連下了幾場及時豪雨，紓解了缺水問題。結果當時某位部長級的女性閣員，在眾多媒體記者面前，說這次能化解缺水是「阿扁總統洪福齊天」，這種歌功頌德的馬屁話，也敢在媒體面前脫口而出，真是敗給她了。

子曰：「巧言令色，鮮矣仁。」而美國富蘭克林總統亦言：「諂言是惡行。」因此，說好話、嘴巴甜一點，要有個限度，不能說到「不仁」或講成「惡行」。適可而止的「」可以說，但別說到「花言巧語」的地步；美言、稱讚均可，但不肉麻到歌功頌德的程度。誇獎、讚美他人，令人開心、有信心，是「行善」，如果諂媚、阿諛別人，以討歡心、好感，那就是言語「行賄」了，其分野即在此。能把好聽的話說得好，就必須懂得其中的界限。

第五章。談話投機，人際如意

知識就是力量。

——培根

人際之間，在互動時，彼此能「有話說」、「很談得來」或「話很投機」，當然會有助於彼此關係的和諧和親密度。

莊美惠和男友劉志文相戀兩年有餘，他倆兩情相悅、趣味相投。在兩年多濃情蜜意的日子中，出雙入對相親相愛，不知羨煞多少周遭的同事和朋友。兩人很自然地論及婚姻大事，彼此都願意締訂終生。

由於莊小姐是獨生女，父母不但很寵愛視為掌上明珠，而且對未來的女婿人選相當挑剔。尤其是莊小姐的父親，因為莊父為國內的知名企業家，不但事業龐大而且社經地位亦高，因此對以後將是「半子」的人選條件要求，當然不會馬虎了。

話一投機，聊起勁來

有一天，莊小姐在家裡就以試探的口氣問莊母：「媽！妳覺得志文怎麼樣？」

「我已經告訴妳好幾次了，志文這孩子很優秀，人不但又高又帥，而且人品、學歷都好，最難得的是很勤奮，不愛虛榮。」

「媽！如果我嫁給志文，妳認為如何？」

莊母笑道：「我當然舉雙手贊成嘍！」

莊小姐雀躍拍著雙手：「媽！妳真好，但是不知爸爸會不會同意？他這麼忙，我都沒有時間問他。媽，妳能不能幫我問問？」

「沒問題，等一等妳爸應酬完就回家。我晚一點就幫妳問。」接著又說：「我看妳爸會答應這樁婚事的，因為他對志文的印象很好，有次還告訴我說，想要志文跳槽到妳爸的一家主力公司當主管呢！」

沒多久，莊父忙完應酬回家，莊母就迫不及待的，當著愛女面前問莊父：「老公，男大當婚，女大當嫁。美惠過完年也快三十了，她和志文也在一塊兩年多，感情一直很好，也很相配。而志文這孩子各方面條件都不錯，而且也很投你的緣，他倆要結婚的話，你不會有意見吧?!」

莊小姐聽完莊母這番話，當然喜在心頭，還沒等莊父回應就插了話：「媽，爸和志文不是投緣，而是臭味相投呢！」

聽了女兒「臭味相投」這四字，莊父不禁哈哈大笑：「你瞧這丫頭，嘴巴裡吐不出象牙。哈！就衝著臭味相投，我答應這樁婚事，我看年底以前就擇日結婚吧！」

為何莊父和志文能「臭味相投」，就是有幾次莊父和志文聊天時，好像有說不完的話。從海峽兩岸、國內政局談到企業管理、市場行銷，由文學、藝術說到休閒活動等等，彼此談話投機的程度，簡直像「哥倆好」一般。

俗曰：「話不投機，兩句多」，然而話一投機，可能要聊起勁來，兩天都會嫌少。人際之間，在互動時，彼此能「有話說」、「很談得來」或「話很投機」，當然會有助於彼此關係的和諧和親密度，就以上述的莊小姐為例，她的男友能得到父母的好感，除了志文本身條件佳之外，就是他能和莊父很談得來。這不但能順利在婚姻大事上得到莊父莊母的首肯，甚至還有助於婚後彼此的互動關係。

要如何能跟別人談話很投機？

一、投其所好、找取共通：

俗云「見人說人話，見鬼說鬼話」，通常是用來諷刺那些喜歡討好、逢迎人家的人。比如國內許多政治人物，尤其是在選舉時，在不同的社團、場合，面對不同族群的選民，為了選票，會說不同的話，所以常被消遣，說他們說話像月亮，「初一十五不一樣」，甚至還批評說這些政客就是「見人說人話，見鬼說鬼話」。這些現象，因涉及政治和選舉語言，在此不予置評。但是，平時我們人和人交談時，以能和對方「談得來」或「相談融洽」或「話很投機」的心理為出發點，來「投其所好」（包括對方的興趣、嗜好、專長、休閒、喜歡談的話題或引以為傲之事等等），讓彼此的話能投機，這種因人而異的說話方式，就無可厚非了。當然了，如果遇到喜歡搬弄是非或愛講人家閒言閒語的人，那就不能投其所「好」了。

志同道合或趣味相投的人，聚在一塊自然談話容易投機。比如喜歡聽古典音樂的人聚在一起，就有共通之處，當然會很談得來，而幾位愛聽周杰倫歌的人，碰在一塊怎會談不來呢？每個人都有自己的興趣、嗜好或崇拜的對象，如果能夠找取到自己和別人有共同的興趣、嗜好等，就比較容易談話投機，就有助於彼此的互動及所建立的關係。

「方太太，我看妳兒子和女兒一定跟妳老公相處得很好，每次我就看到他們三人在一塊，談笑風生，好像沒什麼代溝，好談得來呢！」

「那是我老公跟他們兄妹倆有很多共同興趣，喜歡看電影、喜歡聽音樂又愛唱歌，所以能那麼有話說……」。

其實，我老婆還漏了許多我跟兒子和女兒的共通之處，比如，喜歡講笑話，也是我們共同興趣之一，不然為什麼我們在一起時，常會「談笑風生」呢？

二、有備而來，不斷充實：

說話不是張口就說了嗎？又不要演講，幹嘛還要準備？當然要準備，不然要如何能「出口成章」？如何能跟人「相談甚歡」？有云「聽君一席話，勝讀十年書」，此「君」如果不是滿腹經綸、博古通今的飽學之士，憑什麼令人獲益匪淺，而讚嘆「勝讀十年書」？而這「一席話」的內容，搞不好要花上十寒暑的時間來準備呢！

多年前，我在紐約留學打工當一家飯店夜總會的調酒師時，起先以為只要把調酒的專業技術搞好就行了。等我上工時，才發現調酒師的另一項「專業」，就是要有「見人說人話，見鬼說鬼話」的能力。這下子可把我急壞了，對一個留學生而言，能把洋文說得流利，就已經不容易了，還要跟不同的「洋鬼子」說不同的「鬼話」，那真是難上加難了。

當時每晚上工後，我在忙著調酒伺候客人之餘，就特別留意其他的調酒師（當然都是「老美」）都跟客人聊些什麼？結果發現他們話題實在太廣泛了，包括：工作、休閒、渡假、餐飲、購物、寵物、電影、音樂、暢銷書、時尚、各類球賽（以棒球、美式足球為主）、賭馬、股票、兩性問題以及社會新聞等等，而且彼此都談得很投機。

在我們這群工作夥伴當中，有一位最資深的中年調酒師名叫**Harold**，笑口常開，和藹可親，談吐幽默，客緣極佳，他跟任何客人交談，均能有說有笑。雖然學歷不高，卻見識很廣，知識豐富。

有回我半開玩笑請教他：「Harold，沒想到當調酒師要懂得那麼多，我真羨慕你能跟任何客人都很談得來，而且跟他們講的笑話，一個比一個精彩。要怎樣才能像你一樣有這種談話的功力。」

他笑一笑：「小老弟，你也知道我們每天面對的客人是三教九流都有，而且他們的興趣、嗜好等也不太一樣。因此要應對他們，想跟任何客人都能有話聊，每天都要有備而來。我雖然只有高中畢業的學歷，不像你能讀到研究所，但我當調酒師二十年以來，我天天要看三份報紙（包括「紐約時報」），再加上新聞周刊、時尚月刊等各類雜誌，每月還要買些暢銷書閱讀，電視方面，除了每天看時事新聞、脫口秀，還要看些知識性的節目。此外，還必須常蒐集些不同層次的笑話。如此才能跟咱們的客人做很好的互動。其實，這些都是當一位優秀調酒師，應該做的功課啊！」

聽了Harold這一席話，讓我覺得還要苦讀十寒暑不斷充實自己，才能做好一位「見人說人話，見鬼說鬼話」的調酒師。

三、運用技巧，掌握話題：

人與人見面、互動或相聚時，除了一些噓寒問暖，請安道好的禮貌、應酬話之外，自然就會談些話題。比如幾個大學生一開學就會談選課或寒暑假做些什麼事等話題；一些父母相聚，會說些跟子女互動或如何管教孩子的問題；幾位台商聚在一塊，很容易談到在中國大陸做生意的甘苦，甚至還會聊到「包二奶」等。

在運用技巧這一部份，尚有三個小訣竅：

1. **引蛇出洞：**在人際互動時，有些人會很主動跟人攀談、聊天，但也有許多人比較被動或個性就是沉默寡言。因此，如果碰到後者，我們就要主動的善用話題，引出對方談話的興趣和意願。

比如遇到初次見面的人，經過介紹或交換名片後，可以就對方所從事的行業、工作方面，提出些問題。

「林先生，現在廣告業很競爭吧！您公司的客戶都是哪些呢？」或「林先生，您公司有沒有到中國大陸發展，在中國大陸廣告好不好做？」林先生在廣告界十餘年，當然很樂意回答他很在行的問題。

遇到比較熟悉的人，當然話題就比較廣了，但還是要善挑話題，而且以對方嗜好、興趣等為主。

假如對方很熱愛電影，就可以問：「最近那部『色戒』你看了沒？你覺得這部片子如何？」或者：「你認為李安的『色戒』和那部『斷背山』，哪一部導得好？」

如果對方剛從美西旅遊回來，則可問：「美國大峽谷好不好玩？你喜歡迪斯耐樂園嗎？」

在美國留學打工時，我知道老美都喜歡在旅遊時把自己曬得黑黑的（最好是古銅色）。所以當時我在打工看到客人的皮膚呈現出古銅色（當然黑人除外）的話，就會先誇讚一句：「你的膚色曬得好漂亮啊！」接著就是：「你到哪裡渡假了？好不好玩？」，對方保證眉飛色舞的大談他的渡假感受。

但是，「引蛇出洞」一定要用點心，要引出對方有興趣或有助於彼此津津樂道的話題，才能激起雙方互動時正面、良性的火花。如果話題觸到對方的痛處或忌諱（比如說對方失業、失戀或其他不如意、不願談的人、事、物等），那你就會自討沒趣，那就是引出一條「毒蛇」出洞了。因此，在選擇話題時，要特別謹慎。

2. **入山挖寶**：俗曰：「學無止境」，何況隔行如隔山，術業有專攻。即使一個人的學識或常識再怎麼廣深淵博，也無法成為萬事通。因此，孔子曾嘆曰：「吾不如老圃」。而對不懂的事物，孔子亦能「不恥下問」。

我們在跟任何人交談時，也可以用請教的方式，向對方問些你不懂或不太熟悉的事物。一則對方一定很樂於回答，甚至還會侃侃而談，因為這是他的專業領域或熟悉之事；再則你也可乘機多學、多了解些事物。再加以你如果能討教有方或回應得宜，對方甚至還會把你當成知音。如此能一舉數得，何樂而不為？

然而，要請教對方事物問題時，切記要問些有「營養」或有些水準的事。千萬不要問些「探隱私」、「挖八卦」或「揭內幕」等之事。那就不叫「挖寶」，而是「扒糞」嘍。

3. **見風轉舵**：無論是生活周遭或工作事物，只要花點心思，其實找一些彼此能共通而談得投機的話題，並非難事。但是，有時或因不太了解對方的背景、現況、個性、情緒、喜惡以及忌諱等等，以至於向對方請教問題或聊些話題之後，很可能落個自討沒趣或對方「哼、哈」兩聲而不願多談的下場，那當然要識相些，來個見風轉舵，以投石問路的方式，再試一試其他的話題。萬一連試幾個話題，對方還是反應不佳，那就只好保持「沉默是金」，暫閉「金口」了。

第六章。幽默風趣，無往不利

幽默是人際關係中不可缺少的力量。

——赫伯・魯特

最基本理論即為「反常」和「意外」，也就是在敘述一件有趣的事、講笑話或跟人對話時，能造成出人意料之外的結果，而這個結果必須很好笑、好玩或有趣，才能達到幽默風趣的「笑」果。

有人說，笑是人與人之間最短的距離。

有人說，幽默是一種魅力。

也有人說，風趣是人際間的潤滑劑。

歌德曾說：「家庭和睦是人生最快樂之事。」根據美國一項調查研究，發現幽默是家庭和樂最主要的活力。

噓寒問暖好聽的話，要講得窩心

國內有一項大學生對大學教師「欣賞」程度的調查，結果在五種最被大學生喜愛的教師類型中，以「幽默風趣」排名第一，其次分別是「上課認真」、「學富五車」、「和藹可親」、「不會當人」。

美國幽默作家麥柯・庫西納所著《輕鬆的感覺——如何用幽默使事業成功》，書中特別強調「在工作中能夠引人發笑的人，完成的工作更多，而且要比那些拉長臉的同事成就更高」。根據美國一項職場研究顯示，有百分之八十的主管都喜歡雇用有幽默感的人，而絕大多數的員工很喜歡風趣幽默的主管。

從事行銷業務或服務業者，如果談吐幽默，通常能贏得客戶的喜愛，而成為亮麗業績的助力。

以兩性關係而論，具有幽默感的男女，比較容易獲得對方的青睞。它是兩性互動或兩情相悅時，一種很特殊的吸引力。

說話幽默風趣，不是到處受歡迎喜愛而無往不利嗎？

然而，幽默、風趣、詼諧或會說笑，容易嗎？答案當然是「不容易」。我甚至把它列為說話藝術中，屬於「高難度」的技巧。

我在許多演講場次中，有時被應邀以「說話藝術」的講題演講。就會提到我們人通常最喜歡聽三種話，第一是「好聽的話」、第二是「好用的話」、第三則是「好笑的話」，其中最難講的一種話，即為「好笑的話」。

一、「好聽的話」，凡是噓寒問暖、讚美、嘉許、禮貌、安慰等等的話，均被列為好聽的話。這些話我們從小由家庭到學校，都曾經被教過，應該是不太難講。如果肯再用點心講，就會把好聽的話說得更好。例如：李太太的女兒考上了華航空姐，禮貌的話當然是「恭喜啊！」，而用心的話，除了跟李太太道賀之外，應該說：「妳女兒真不簡單，能在八千多名去報考，而只錄取八十個名額當中脫穎而出，實在太不容易了。錄取率是百分之一，其難度等於考大學的九十幾倍。難怪有人說想考上華航空姐，簡直是比登天還難呢！」這段好聽的話，保證讓李太太開心笑得連嘴巴都合不攏。

講好笑的話，切莫弄巧成拙

二、「好用的話」，指那些能讓人學習、成長而有用的話，換句話說，就是有知識的話。比如說，你的一席話，能讓人解惑、茅塞頓開，即為好用的話。

品酒是一門學問。我有一位教授朋友，研究紅酒長達二十幾年。有一回在飯局中，他就大談紅酒，整桌人自然就學到了如何選擇、品嚐紅酒之道。

台灣的親子關係，早已亮起了紅燈，許多父母常為如何管教好子女而傷透腦筋。我也經常以「如何做好親子關係」為題，應邀到許多中、小學向家長們演講。如果他們聽完演講後，對於他們的親子關係能有所改善和增進的話，那就是好用的話。

好用的話好說嗎？當然不難講，只要用功就行。多讀書、多學習、多充實自己，自然就會講好用的話。

三、「好笑的話」，當然是指幽默、詼諧、風趣及笑話等等之類的話。講完這些話之後，能引起大家莞爾會心一笑或是捧腹爆笑，產生這種「笑果」，才能算是好笑的話。

為什麼好笑的話要比好聽的話和好用的話難說呢？我們很用心的記住別人的幽默、笑話，或是很用功的去讀些笑話集書籍，背幾則笑話講講呢？結果發現「笑果」欠佳。明明是一模一樣的笑話，往往由不同的人講出口的「笑果」竟會有差異。有的人講完後能引起哄堂大笑，有的人說完後卻全場反應很冷淡，甚至還回一句：「這有什麼好笑」或「這笑話一點都不好笑」。

經常在不同的場面聚會或飯局中，我們會看到有人興致沖沖的給在場的人士講則笑話以助興。結果那段笑話才講兩句，就被在座的人潑一桶冷水：「這個笑話聽過了」，真是出師不利，超掃興的。也有的人講完笑話後，不但在場的人沒人笑，反而自己卻呵呵笑個不停，搞得全場人士面面相覷，紛紛竊笑這個講的人好好笑，哈！這也是一種另類的「笑果」吧。

幽默風趣的言語，常常會以諷刺、嘲弄或揶揄的口吻去開開玩笑。這些言語或表達技巧如果運用不當弄巧成拙的話，往往會引致他人的反感、反彈或翻臉，搞得場面很尷尬，如此得不償失，還不如不開那個玩笑呢。尤其是一些「黃色笑話」講時要特別謹慎，要考慮到場合、對象及分寸，才宜開口。不然講完非但沒有「笑果」，反而會自食「惡果」，比如形象有損、被嫌噁心、低級趣味，如果嚴重的話，甚至還會吃上「性騷擾」的官司，不是禍從口出嗎？

幽默像寫文章，可以培養與練習

這些年來，許多公司行號或機關社團很喜歡以「風趣幽默」為主題（比如「談笑風生幽默心」、「人際情、幽默心」等題目），來邀請我演講。結果相當多的聽眾常舉手問：「幽默感或風趣的談吐能不能培養、學習？」、「幽默感是天生的嗎？」等問題。

其實，幽默感或談話風趣，就像是寫文章一樣，大多是後天的學習、培養及不斷地練習而成的。首先要能了解、掌握幽默風趣的最基本理論，即為「反常」和「意外」，也就是在敘述一件有趣的事、講笑話或跟人對話時，能造成出人意料之外的結果，而這個結果必須很好笑、好玩或有趣，才能達到幽默風趣的「笑」果。宋朝大文豪蘇軾不但文章詩詞、書法寫得好，其談吐亦風趣幽默，他曾說：「反常合道曰趣。」這句話的意思是指「反常」是手段、要素，「合道」（風趣幽默之道）則為目的（即為製造「趣」的「笑果」）。

有一次我到桃園一所國中給老師們演講，那位國中的校長就跟我講一個「反常」的真實故事。他說有一回在校園的角落，發現有同學在偷抽菸，就即刻跑過去捉那名抽菸的學生。結果那名抽菸的學生溜掉了，而校長就捉到一名沒有抽菸的同學，並一口認定就是這學生在偷抽菸，於是把他帶到訓導處交辦。

後來經過訓導處的調查，查出真正在校園偷抽菸的同學，發現校長完全認錯人了。訓導處除了依校規記那抽菸學生的過，還那沒抽菸的學生清白之外，並且把整個案情向校長報告。

校長頗為自己認錯人的行為而深感愧疚，決定要親自向那被冤枉的學生道歉。校長就找到那名學生：「校長錯怪你了，很對不起。你可不可以接受校長的道歉。」沒想到那名學生竟回：「可以。但是校長下次不可以再犯同樣的錯了。」校長不禁笑道：「哈！我一定知過能改的。」這就是所謂的「反常」。這則真實故事，不但對白幽默，而且很有意義，不是嗎？

運用諧音，談吐風趣

在我們說話中，經常會出現一些「諧音」，而形成許多「意外」的「笑果」，這也是構成談吐風趣的要素。

前幾年，日本有一位首相小泉純一郎。有一回我參加一個飯局，在座除了我是教書之外，均為做生意的老闆們。其中一位老闆：「你們大家有沒有發現方教授長得和日本首相小泉很像啊！」大夥就附和說：「對！對！還真長得滿像的」，其中一位老闆接著：「像是滿像的，但是我覺得方教授比小泉高，而且比較帥。」我只好猛說：「不敢當，不敢當，小泉的地位可比我高多了。」

接著大夥就是飯局之間，彼此問候彼此家人的近況。「陳董，我好久沒看到你老婆了，她最近忙些什麼？」

「噢！我老婆這陣子忙著瘦身減肥，都快八十公斤了，再不減胖，我們要換張大床了。」

「劉董，你兒子讀哪所大學？」

「台灣大學。」劉董得意的回道。

「哇！台大，真是沒想到『歹竹出好筍』啊！」這一句開劉董玩笑的話，引起大夥笑聲連連（包括被消遣的劉董）。

突然一位李董大概覺得我這個教書的比較有學問，竟然以「文言文」的口語：「方教授！夫人近日可好？」

既然「夫人」的尊稱出口，我也不能不懂「謙稱」：「噢！『賤內』最近還是很『賤』，好像愈老愈『賤』了。」

在一陣笑聲後，那位李董接著：「方教授，真愛說笑。說真的，令郎在哪裡高就？」

我脫口回道：「小犬（類似小泉的諧音）在日本當首相啊。」（哈！既然問「高就」，就講「高」一點嘛！）

高齡不是從政障礙，雷根反將對手一軍

幽默風趣，除了「反常」、「意外」的要素之外，當然「機智」（或急智）、「嘲弄」或自嘲等，也是構成「笑果」的主要因素。

例如美國一位素有「最老總統」之稱的雷根總統，他高度的幽默感，主要就是靠他的機智反應。

雷根在一九八五年競選美國總統連任時，已經七十三歲了，而當時代表民主黨競選的對手孟岱爾只有五十六歲。因此在一次電視舉行的辯論會中，孟岱爾就以雷根的「高齡」，來嘲弄雷根年事過高，可能無法處理國內外的危機。

雷根先從容地說他自己還「寶刀未老」，然後再幽默的補充：「我不打算把年齡當做競選的話題，因為我不準備利用對手的年輕和幼稚經驗來爭取選票。」此語甫畢，觀眾大笑不已。

馬英九早期身為法務部長有一次訪問美國時，有一段被美國機場安檢人員搜身的插曲。當時美國安檢人員在馬英九身上搜到一把瑞士刀，就嘲弄著說：「沒想到台灣的法務部長還要隨身攜帶著刀子。」

馬英九當然聽得懂老美在諷刺台灣的治安不良，結果馬上回道：「我只有到治安很不安全的國家，才帶刀子。」弄得那老美很尷尬的笑一笑。這也是一則典型被嘲弄後，能再反嘲弄對方的例子。

另外就是跟「嘲弄」很類似的幽默要素，即為「諷刺」（或譏笑）。下面一則，就是以諷刺的方式來幽「奸商」一默的笑話。

一家公司的老闆對著全體員工訓勉開導：「我們做生意一定要講求『誠信』和『智慧』。」

其中一名員工就好奇的問：「老闆，您能不能具體舉例說明這兩點。」

老闆笑了笑：「你這個問題問得很好。所謂『誠信』就好比我們公司如果明天即將關門倒閉，今天我們還是要把欠客戶的產品送到客戶手裡。」

員工接著又問：「那什麼是『智慧』呢？」

老闆：「所謂『智慧』，就是你千萬不要做那種傻事。」

自我消遣，更能製造笑果

其實，有許多風趣的故事或幽默的笑話，我們都還可以舉一反三的加以改編，因為它的「趣」和「道」是一樣的。就以上述老闆闡釋「誠信」和「智慧」的笑話來說，我們就可以取其「道」，編個諷刺政治人物的笑話。

比如，有一個在政壇上靠兩袖善舞而能平步青雲的部長級大官，應邀到某大學政治系做專題演講。滔滔不絕、口沫橫飛的演講完後，有位學生發問：「請問，身位政治人物的成功要素，應該有哪些？」

大官毫不假思索回道：「政治人物的成功要素，就是『擔當』和『智慧』。」

「什麼是『擔當』？」學生問。

「所謂『擔當』，就是如果一位首長的施政如有重大差錯，就應該馬上引咎辭職。」

「那什麼是『智慧』呢？」學生接著又問。

大官從容回道：「所謂『智慧』，就是千萬別做引咎辭職那種傻事。」

在風趣幽默或笑話的類別中，「自我消遣」（或「自嘲」）是被公認為「上乘」的幽默之道。好萊塢藝人中，有一位高齡一百歲才過世的幽默大師鮑伯霍伯。他曾經破紀錄主持奧斯卡金像獎頒獎典禮長達十九年，他的幽默感是一流的，他講的笑話除了「笑果」佳外，而且是男女老幼皆宜。在美國曾經有人分析研究他講的笑話和幽默言語，發現百分之七十以上是屬於「自我消遣」類的。

自己幽自己一默，或是嘲弄自己的笑話，非但能有皆大歡喜的效果之外，而且保證安全、妥當，絕不會弄巧成拙，造成任何唐突或尷尬的場面。

當我們消遣別人或開人家一個玩笑時，有時候會出狀況。比如說你不了解對方是一個禁不起開玩笑的人、或許之前曾消遣過人家並不曾有問題，但那天人家心情欠佳，而不願意被消遣。另外一種情況就是你一而再的嘲弄人家，而令人反感。因此會造下列的回應：

當場翻臉：「我告訴你，我不習慣這樣被消遣。」

「你以為你很幽默是嗎？」瞪著你說。

「你實在很煩，請你以後別再講這糗事好嗎？」

生氣的說：「你怎麼可以這樣消遣人家？」

勇於說笑，練習幽默言談

但是，如果你懂得多講些自我消遣的話，保證不會有任何不良的反應。以我自己為例，我就經常喜歡講許多消遣自己（或家人）的笑話，到目前為止，還未曾碰過有人聽完我那些自嘲的笑話後，指著我鼻子板著臉：「方教授，你怎麼可以這樣消遣你自己，莫名其妙。」哈！假如有人說這種話，那才真是莫名其妙了，一笑！

除了要能懂得掌握上述那些構成幽默的要素之外，還有一些可增進幽默感和培養說話風趣的方法，可供參考：

一、擁有一顆赤子之心。能保持童心未泯，說話才會好玩、有趣。

二、情緒要放鬆，心情要開朗。心境豁達，幽默自然來。

三、懂得適時、適地的放下身段。老是擺個架子或拉長臉，就無法跟風趣幽默有交集。

四、說話時的思路，要能跳出傳統的框框，能適得其「反」，才會產生幽默的創意和聯想力。

五、平時要多觀察、多領悟生活周遭的一些人、事、物，就比較容易有幽默素材、心得及靈感。

六、多體會他人的幽默，多看笑話集、漫畫、喜劇爆笑，以及人生雋言妙語等等。

最重要的一點，就是要練習幽默風趣之言，要勇於說笑。根據許多調查，發現每個國家平均男性的幽默感都比女性來得高，主要原因就是男性比較敢說（或是臉皮比較厚），而女性較保守、膽小、拘謹或放不下矜持的身段，而不敢勇於說笑，當然就減少了幽默風趣的言談機會了。大膽多練多說，別怕失敗，「失敗為成功之母」不是嗎？

第七章。說話「多或少」與「是或不」的藝術

寧因寡言被人譴責，毋因多言為人嗔怪。

——莎士比亞

說話能「適量」、「優質」，魅力自然與日俱增，成為令人尊重、討人喜愛、人緣又佳者。懂得說不，就須採「中庸之道」，即為「心硬口軟、意堅語柔」。

「阿傑，吳大哥下星期六晚上要請大夥吃飯，有邀請你嗎？」

「有邀請我啊！但是我跟吳大哥說，剛好下星期六我要陪我老爸老媽聚餐，沒辦法去。哈！其實陪老爸老媽是個藉口，因為我不想再被他請了！」

小倩頗驚訝問：「為什麼？吳大哥為人慷慨大方，每次都請我們到高檔的餐廳，超好吃的。這次是請吃××日本料理，高級又有名，食材烹調均佳。你不想吃嗎？為什麼？」

「小倩，吳大哥家裡有錢，人也大方，也不要我們回請他。但是每次在那些高檔美味的餐廳吃飯，從頭到尾都聽他高談闊論一些言不及義、單調乏味的話題。一頓飯吃下來，真是疲勞轟炸，回到家耳鼓膜都覺得好痛呢！」

××××

「欣怡，這陣子沒聽妳提到妳那科技新貴男朋友Danny了？大家都好羨慕妳呢！說Danny家世好，人品端正，長相不賴，又是留美的碩士，真是位理想的對象……」。

「李姐，不瞞妳說，我們已經不交往了……」。

「啊?!為什麼？你們不是好好的嗎？妳告訴我這半年多，他帶妳吃高級餐廳、看電影又去國家音樂廳看表演，怎麼不繼續交往呢？吵架？鬧翻了？」

「不是啦！哪裡有吵架。Danny的條件的確不錯，這半年以來，他對我也很不錯，很體貼。唯一的缺點就是太沉默寡言了，每次約會都我在找話題聊。和他在一起實在太悶、太枯燥乏味了。所以我覺得很累，因此就不願意和他繼續交往……」。

說三分聽七分，是說話分寸的「黃金比例」

由上述的兩段對話，很明顯的看出在人際交往互動中，因為「話太多」或「話太少」，所造成過猶不及的負面「話果」。

說話時，「喋喋不休」話太多，令人厭煩；「沉默寡言」談太少又被人嫌太悶。那麼談話時到底說多或說少的分寸又如何去拿捏呢？

其實，談到說話時「多少」的分寸，應該分兩部分來談。其一是以「量」而言，這指說話時的「多」和「少」的比例問題；其二就「質」來論，則是說話時的內容，什麼話多說些和什麼樣的話該少講點。

至於說話「多」和「少」的比例，這當然沒有一個絕對的標準比例。以前，在許多家庭裡，常聽到長輩要小孩子少說話安靜些，就說：「囡仔人有耳沒嘴」。其用意是要小孩子「張耳」和「閉嘴」，多聽少說也。

有人曾經說，上帝賜予我們兩隻耳朵和一張嘴巴，就是要我們以此比例來運用耳和嘴（那不就成2：1嘍！）。至於上帝造萬物時，讓人類擁有兩耳一嘴，祂真正的用意是否如此，我們當然無法求證（起碼有生之年沒辦法）。但是講此話的人，只不過是搬神（上帝）來強調我們說話時，多聽少說而已。

歷年來世界小姐、環球小姐等的選美比賽時，能夠在各國佳麗群中脫穎而出，擠進前三名的美女。除了美麗的臉蛋、身高、標準的三圍尺寸和機智問答等優秀條件外，另一項很重要的因素就是身材能達到「黃金比例」（其上身「腰以上」與下身「腰以下」的比例是「3：7」），因此，腿修長的高䠷美女就比較能達到「黃金比例」。如果借用這個「黃金比例」用之於說話與聽話的多與少的比例時，就成了「說三分話，聽七分話」，可稱為說話「多少」分寸的「黃金比例」。以這種比例在人際互動、交往談話時，比較容易展現說話的魅力。

當然，這個「黃金比例」也非守成不變的，是有彈性的，視當時人際互動時的情況而加以調整。

比如，有一次我應邀到台北一家高檔的牛排館餐聚，主人林老闆除了請大夥吃上等的牛排，還特別開了五瓶法國Chiteau Latour上好紅酒，大家都說今晚好有口福。享受佳餚美食間，席中的話題自然就提到當晚所喝的美酒。請大夥吃飯的林老闆：「各位，今晚貴賓之一的陳大哥，是知名的紅酒專家，他研究紅酒已經三十幾年了，我們請他評論評論今晚這瓶法國Chiteau Latour 1995年的紅酒。」

「哈！專家是不敢當，我只是對紅酒很有興趣，也貪個兩杯而已……」，陳大哥客套兩句之後，就開始從當晚所喝紅酒的年分、顏色、香氣、濃郁度和口感，談到法國五大酒莊的特色等等。由於陳大哥對紅酒的知識極為淵博，口才也佳，講述又生動就像說故事一樣，娓娓道來而引人入勝，大夥都很聚精會神的聆聽。

突然間，陳大哥舉起酒杯笑道：「我敬大家一杯，真的不好意思，都是我喋喋不休地講，今晚我話太多了，失禮！失禮！」

主人林老闆搖搖頭：「這是什麼話?!大夥正聽得入迷呢！你怎麼可以不再繼續講了呢？

來！來！大家舉杯敬陳大哥一杯，請他再繼續多談些紅酒的知識，這機會太難得了！」

「哈！恭敬不如從命！」接著陳大哥又講了不少紅酒的典故和趣事。那晚大夥不但有口福吃美食喝美酒，同時也都有耳福，聽了一堂「漫談紅酒」的精采課程，都覺得滿載而歸。

劣質的話說多了，令人反感、討厭

從上述的故事，可知只要聽者願聽、愛聽，講者又能講又會講的情況之下，就不必遵守「講三分話，聽七分話」的原則了。

講到說話時的「質」，就是指講話內容的品質。自然是多說「優質」的話，會受人歡迎討人喜愛；多講「劣質」的話，令人反感、討厭。「聽君一席言，勝讀十年書」、開口談話會「令人如沐春風之感」或使人「增廣見聞」、「受益良多」等，均屬「優質」的話。如果被人家說講話「沒口德」、「狗嘴裡吐不出象牙」、「滿口髒話」、「亂開黃腔」以及「沒知識」又「沒營養」的話，這些都是「劣質」的話。

根據一項在人際互動社交時「惹人討厭的談話者」的調查中，有十五項是令人討厭的談話對象：

1. 說話內容單調、無趣或枯燥又乏味者。
2. 好講重複、瑣碎又言不及義的話。
3. 喋喋不休又囉唆者。
4. 沉默一言不發者。

5. 大言不慚、自鳴得意或老是提「當年勇」者。
6. 常愛插嘴、打斷別人說話或目無尊長（沒大沒小）者。
7. 滿口粗言髒話或愛開黃腔者。
8. 老愛探人私事或觸人隱私者。
9. 說話尖酸刻薄或習慣話中帶刺者。
10. 跟人說話時，左顧右盼或心不在焉者。
11. 喜愛說教、訓話者。
12. 言談偏激或好抬槓、頂嘴者。
13. 說話時，自認比別人聰明或總是自以為是者。
14. 處處抱怨或常愛批評他人不是者。
15. 常大驚小怪或小題大作者。

既然會「惹人討厭」，就應該少說（最好是能不說）上述的那些話。同時，說話時多說些「討人喜愛」話，不就能達「事半功倍」的功效了嗎？

少說是非、八卦，多些成熟、趣味

為了要提升評話內容的「優質」，並消除其「劣質」，特別列出開口說話時的八點「口右銘」，供讀者參考：

一、少說尖酸、刻薄的話；多說寬容、讚許的話。

二、少說抱怨、批評的話；多說關懷、親切的話。
三、少說情緒、偏激的話；多說理性、溫和的話。
四、少說威脅、敵意的話；多說善意、尊重的話。
五、少說是非、八卦的話；多說知性、涵養的話。
六、少說幼稚、乏味的話；多說成熟、趣味的話。
七、少說命令、說教的話；多說商量、討教的話。
八、少說冗長、反覆的話；多說精簡、得體的話。

我們在人際互動交談時，無論談話的對象是誰（包括家人、親友、鄰居、同學、同事、客戶或男女朋友等等），在說話「多少」的分寸拿捏上，如果能由上述說話「量」能「適量」和「質」能「優質」，其談吐、說話的魅力就能與日俱增，亦能成為人際互動間，令人尊重、討人喜愛、人緣又佳者。

聽任何人說話，起碼的態度是尊重講者

說話懂得掌握「多少」是一種說話的藝術，而做為一個「聽者」，當然也要懂得「聽話」時的態度和「回話」時說「是或不」的技巧。

「小雯，你知道嗎？經理辦公室剛來的那個李秘書，真的很討厭！」

「為什麼？聽說她到澳洲留過學，英文好像不錯呢！」

「我管她英文好不好，好幾次我去找她談事情說話時，她一邊聽我講，還一邊在整理她的

文件。更氣人的是，她居然頭也不抬的說：『妳繼續講啊?!我有在聽……』，小雯，妳說她討不討厭！」。

×××××

「志豪！我發現你好像不太喜歡你們的李組長，為什麼？」

「哼！什麼不太喜歡，而是超不喜歡！你知道嗎？我每次跟他講話，他常雙臂交叉抱胸，斜著眼仰著頭看人，一副狗眼看人低的臭樣子。真想一拳揮過去……」。

「唉！我辦公室的林主任也是半斤八兩呢！我每次跟她說話，她就會做出很不耐煩的表情，而且經常打斷我的話，我也很想摑她一記耳光呢！」小李頗有同感的回道。

×××××

「Danny！最近好像沒聽你提到新交的女朋友Linda了？她長得滿正點的，而且身材高䠷，和你站在一起真的很搭配呢！」

「Linda的外型條件的確不錯，但是我不再想約她出去了。前兩次我單獨約她去吃飯，後再看電影。結果我發現她不管是在餐廳或電影院內，每隔不到十分鐘，就看她手機內的簡訊和LINE，然後再跟我說：『對不起，我回我朋友一個LINE……』，好像自個兒在吃飯、看電影似的。第三次約會更扯了，我是約她去參加一些好友們的餐敘，整桌又吃又喝、有說有笑、氣氛愉悅。唯獨Linda低頭忙著滑手機跟朋友LINE來LINE去，真是太不上道了！」

類似上述中的對白案例，在我們日常生活社交圈，或是職場中，都經常會出現。可見得要懂得「聽話」或要當一個好的「聽者」，實不容小覷。

當我們聽任何人說話時，最起碼的態度是尊重「講者」，這也是一種「聽者」對「講者」的基本禮貌。因此，面對「講者」要做出「傾聽」（認真的聽）或「聆聽」（用心的聽）的動作。然後再做出得宜、恰當的回應，而這些回應大致可分為「是」和「不」兩種。

所謂「是」的回應，是指認同或了解對方的談話內容、答應對方所託或交代之事，或者欣賞、感激對方之所言等等。

比如當對方跟你談些對某些事的觀點，你如果認同的話，即可回道：「嗯！有道理！」或「言之有理」等。

聚精會神聆聽，展現「Say Yes!」的魅力

如果聽完對方交代的事情，則很中肯的回說：「我了解，一定照辦！」；假如是要你幫忙或所託之事，你也願意幫忙或受託，就以很肯定的語氣：「沒問題！」或「我一定全力以赴，不負所託」等等。

當聽完對方談些趣聞或講些笑話時，回說：「太有意思了！」、「真是好玩！」或「超好笑！」，甚至還拍案叫絕來回應。

當然對方講完一件令人相當遺憾的事，就要以安慰的口氣：「真是遺憾啊！」或「實在太可惜了！」等。

而聽完對方一席比較知性、哲理、專業或人生經驗等的話，就以感激的口吻：「謝謝！這番話真讓我學到不少。」或說：「受益良多！」等。

這是一個聽不懂對方說什麼，卻能懂得「Say Yes!」的趣聞，女主角是早期國片的超級巨星李麗華。在中美還未斷交時，美國駐華大使有一次邀請我國外交部長等高官晚宴，因慕李麗華之盛名，就特別跟外交部說能否請李麗華也光臨晚宴。外交部當然一口答應，就去邀請李麗華。李麗華受寵若驚的說：「不行耶！我不懂英文，去的話會丟國家的面子啊！」

這下子可把外交部搞急了，怎麼辦？李麗華不赴晚宴是不給美國大使面子，去的話又會丟我國的臉。結果外交部急中生智，就請國內一位知名的「英語會話」教授，給李麗華惡補些基本的禮貌交際英文會話。這位教授笑著跟李麗華說：「李小姐，別緊張！我教妳三句簡短的英文，妳只要把這三句練得咬字清晰，發音精準，妳就可以完成重任，當一位受歡迎的佳賓。」

李麗華喜出望外的驚叫：「真的嗎？太好了！那麼是哪三句呢？」

那位教授哈哈大笑：「剛剛妳已經講了兩句了。就是『真的嗎？』，這句英文是『Really?』，另一句『太好了！』，英文發音是『How nice!』，第三句則是『wonderful!』。妳一定要熟練這三句，就萬事OK了！」

除了教李麗華那三句英文準確的發音之外，那位教授特別還面授機宜，如何去靈活的運用那三句。

「晚宴時，任何美國官員說話時，尤其是美國大使，因為他是主人，話一定講得最多，妳一定要面帶微笑、全神貫注的聽對方講，假裝都聽得懂。對講到一個段落時，妳就用第一句『Really!』回應，等對方講到另一段落後，妳就用第二句『How nice!』回對方，然後聽對方講得興致勃勃一停話時，再以第三句『wonderful!』答腔。如此反覆、輪流的巧用這三句英語，我保證妳當晚一定大受歡迎！」。

不愧是當代巨星李麗華，能在美國大使邀請的晚宴中，只是用這三句英文，就讓宴席上的美國官員留下極佳的印象，尤其是那位美國大使，對李麗華讚不絕口，還在我國外交部長面前一直誇獎李麗華的英語非常流利。

李麗華能在宴席中，扮演一個「最佳聽者」的角色，而大受歡迎，甚至「為國爭光」。主要是以友善又聚精會神的態度聆聽對方講話（李麗華當然聽不懂那些美國外交官在講啥米碗糕嘍！），然後再適時以恰當的話（上述那三句英語），非常巧妙的回應對方，結果就展現出她「Say Yes!」的魅力了。

不懂得說不，負面結果隨之而來

在人際交往、互動交談中，通常是跟對方「Say Yes!」的技巧，要比向對方「Say No!」來得容易。換句話說，如何跟對方「說不」，則比「說是」要難得多。而「不懂得說不」所造成的負面後果，也比拙於「說是」嚴重的多。俗曰「請神容易，送神難」，其道理即在此。

至於「不懂得說不」到底會帶來什麼負面結果（可稱「惡果」）呢？

一、沒有「說不」的惡果：在我們日常生活或職場中，經常會被工作同仁、至親好友或同學時，邀約參加一些社交休閒活動，或是請你幫忙辦一些事務，或是希望你能配合來滿足對方個人的一些需求，甚至還要求你在金錢上的資助或周轉等等。屆時你如果礙於情面和彼此的交情，唯恐拒絕後，會讓對方為你不給面子、不夠意思、不肯幫忙、不願配合或薄情寡義，而令對方產生些失望、不悅、埋怨、難過或氣憤等等不滿的情緒感受。

⊙比如說應邀吃頓飯，結果在飯局中跟一些賓客互動的很不愉快，或飯局後主人又請第二攤，又喝又唱的玩到午夜，而造成自己第二天上班遲到或精神委靡等。

⊙或是答應對方去辦些事情或受請託去處理些事務，結果讓自己累得身心俱疲。而事後對方不但沒說幾句感激的話，甚至還略有微詞，嫌事情辦得不夠完美周全。

⊙不忍見對方周轉不靈或生意倒掉，就把身邊的一些積蓄借給他（或她），結果對方答應還錢的期限一拖又拖，甚至無法償還，害自己陷於經濟困境，同時也毀了彼此的交情。

⊙在兩性關係方面，由於不滿意對方的行為表現（包括劈腿、生活惡習、乏味無趣、不被尊重、個性不合或無法忍受的一些性僻好及性需求等），就想跟對方分手，然而當對方一聽到要分手時，就痛哭流涕、苦苦哀求不要分手，並強調說一旦分手，就活不下去了……。只好勉強繼續交往，結果讓自己精神常陷於痛苦的掙扎中，甚至還得了憂鬱症。

「說不」的理由或苦衷，要讓對方理解、諒解

二、「說不」說過頭的惡果：在人際互動的過程中，任何人只要聽到你（或妳）跟對方「說不」（如「不行」、「不要」、「不能」、「不可以」、「不願意」或「不認同」等等），通常對方很容易馬上出現負面情緒的反應，包括前文所提的「失望」、「不悅」、「埋怨」、「難過」或「氣憤」等。

如果跟對方「說不」之後，緊接著再給這「不」字「加點油、添些料」（比如數落、批評、訓斥、嘲笑或羞辱對方，甚至惡言相向、髒話出口等），那時場面的尷尬、難看度，等於是雪上加霜；而對方的負面情緒也跟著火上加油了。就會從「失望」變成「絕望」、「不悅」轉為「超不爽」、「埋怨」變為「怨恨」、「難過」成為「傷透心」，而「氣憤」升溫為「暴怒」等。隨後，這些「說不」說過頭所造成不同等級的惡果（包括彼此關係惡化或決裂、爭吵動粗，甚至死傷等等。），就會臨頭。

由上述兩部分「不懂得說不」的後面後果，可謂「過猶不及」，均非「懂得說不」之道，實不足採取。而要「懂得說不」，就須採「中庸之道」，為「說不」的上策（或藝術）。而「中庸之道」的訣竅，即為「心硬口軟、意堅語柔」。也就是說，回拒對方的意念很堅定，表達「不」字很明確，而語氣則柔軟、措辭遣字要有情有義，並多帶幾句致謝或歉意之語（比如，「謝謝您的邀約，但那天我實在無法參加，真的很抱歉、很抱歉！謝謝了！」，或是「這個忙我真的幫不上，實在愛莫能助，不好意思了，讓您白跑一趟，真是不好意思了！」，或者「朋友有通財之義，但是我最近手頭也很緊，真的沒辦法借給你錢，歹勢了！真歹勢了！」等等），如此才能降低對方被拒絕後的負面情緒反應，甚至還能讓對方理解和諒解你為何「說不」的理由或苦衷。

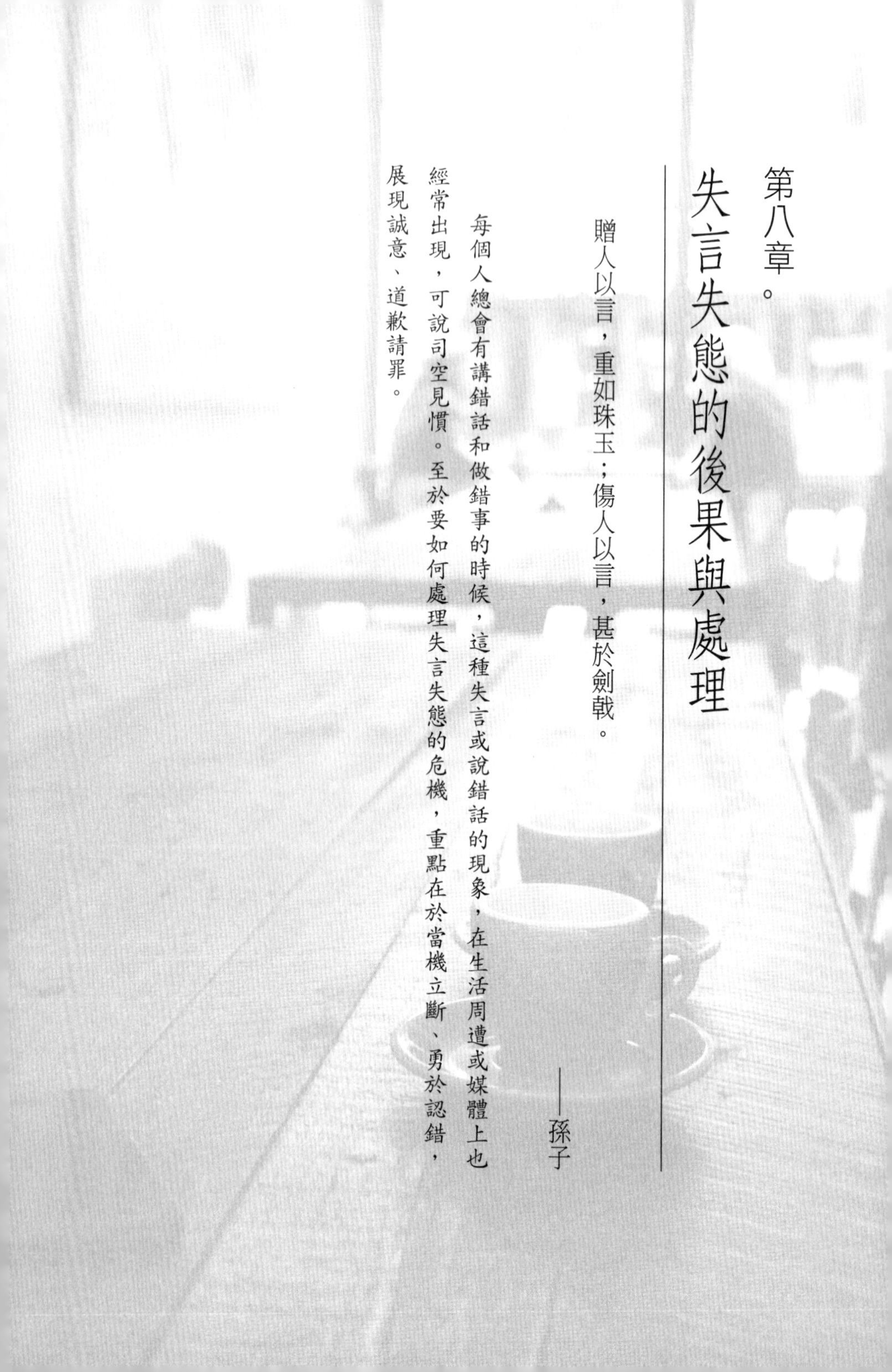

第八章。失言失態的後果與處理

贈人以言，重如珠玉；傷人以言，甚於劍戟。

——孫子

每個人總會有講錯話和做錯事的時候，這種失言或說錯話的現象，在生活周遭或媒體上也經常出現，可說司空見慣。至於要如何處理失言失態的危機，重點在於當機立斷、勇於認錯，展現誠意、道歉請罪。

論語有曰：「可與言而不與之言，失人。不可與言而與之言，失言；智者不失人亦不失言。」

所謂失言，就是嘴巴說出不應該說的話。這些話包括：不得體的話、粗魯無禮的話、謾罵髒話、歧視別人的話、尖酸刻薄的話、惡毒傷人的話、搬弄是非挑撥離間的話，以及亂開黃腔的性笑話等等。

一言興邦，一言喪邦

我們在人際或人群互動說話表達時，或因思想價值觀之不同、或因彼此感受的認知差距、或因一時氣憤而情緒失控、或因心情欠佳鬱卒、或因得意忘形、或因不小心說溜嘴等等的因素，是非常容易失言的。而這種失言或說錯話的現象，我們在生活周遭或媒體上也經常出現，可說司空見慣。

脫口失言或有時候會講錯話，實不足為奇。然而，失言、講錯話或失態（行為態度也是一種肢體語言），卻不容小覷。古有明訓：「一言興邦，一言喪邦」，說錯一句話可以把國家都喪失掉，這不嚴重嗎？古云：「病從口入，禍從口出」，意指失言、失態會惹禍上身。當然這「禍」不見得都嚴重到「喪邦」，但「喪命」卻時有所聞。

比如，在社會新聞中，因失言或一言不和大打出手，甚至動刀動槍而鬧出人命的案件，可說不勝枚舉。最近我在報紙上就看到兩則新聞「要命」的禍從口出。

其一：台南縣西港鄉有一陳姓警員在派出所內責問同事黃姓警員：「你為什麼在電話中以

言語調戲我老婆？」黃姓警員則回道：「跟你老婆開開玩笑有什麼關係？」接著兩人就爭吵起來，陳姓警員十分氣憤，隨即拔槍對著黃姓警員連射十二發子彈，後送醫不治。

其二：新北市板橋區中山國中兩名課業成績優異的三年級同班同學，有次下課時因細故口角，接著就互毆。結果其中一名學生被一拳擊倒後，因頭部遭撞重傷，送醫院急救不治。

失言的口禍，除了不幸喪命之外，亦經常造成丟官喪職的後果，這種例子國內外還真不少呢！

例一：奧地利極左派政黨──自由黨（FPO），由於黨魁海德爾曾公開發言來淡化德國納粹在二次大戰中的暴行，非但讚揚納粹政府的就業政策，更大力提倡排斥外來移民。

結果在國內外的輿論壓力下，被迫辭去黨魁職位。海德爾的失言，不僅將奧地利多年辛苦建立的人道主義國際形象毀於一旦，也斷送了自己的政治生命。

例二：日本前防衛廳次官西村真悟，曾發表「國會應討論日本是否核子武裝化問題」之言論，馬上引起國際軒然大波，後來被迫公開道歉並辭職下台。

例三：二〇〇二年四月，前高雄市政府工務局長吳孟德，在市議會面對議員質詢有關高雄市水災問題時，竟脫口答道：「高雄市水災問題，原因是高雄的外省人來太多了」。當場即引起議會及媒體一陣嘩然，最後也是在輿論的壓力下鞠躬辭官下台了。

例四：二〇〇五年三月底，當時第一金控公司董事長謝壽夫，在立法院財政委員會備詢時，因不滿國民黨立法委員費鴻泰質詢，當場撇開頭以英文髒話「shit」（狗屎）回應，引起立委強烈不滿並要他下台。這種不屑的態度和不當的言詞，最後只能請辭不幹了。

失言最多，莫過於國內政治人物

除了上述的「喪命」、「丟官」之外，因亂講說或引喻失義的失言而引起的爭議後果，就是令人反感、有損形象或貽笑大方。在這方面失言最多的莫過於國內的政治人物。

中研院人文社會科學研究中心從二〇〇四年受靈鷲山佛教教團委託，進行台灣心靈問卷調查。結果二〇〇七年發現國人對生活的不滿意度創四年來新高，除了國人最不滿的是經濟收入之外，調查中還顯示，生活中最讓民眾生氣的事就是政治人物的不當言行。在「最不喜歡哪種身分的人」這個問卷項目中，結果是政治人物最惹人討厭，而且是連續四年蟬連冠軍。二〇〇七年則再創新高，近百分之五十六的受訪者說他們最不喜歡政治人物。

國內政治人物之所以最惹人討厭，當然跟他們的不當言行有密切的關係。歷年來光是亂講話而失言的案例，還真是「罄竹難書」呢！

罄竹難書說出口，賠掉了形象

就以前總統陳水扁而言，在二〇〇八年五月，堂堂一位國家元首竟然以「罄竹難書」來推崇志工的貢獻偉業，如此引喻失義，令在場的志工們覺得莫名和錯愕。正在媒體和社會大眾議論阿扁錯用成語、貽笑大方之際，結果比阿扁更失言又失態的莫過於前教育部長杜正勝。因為第二天在立法院，有立法委員追問杜正勝：「總統是否用錯成語？」沒想到杜正勝竟然回答，「罄竹難書」可以解釋為「事情很多」。結果不但被立法委員批評是「硬拗」，甚至當時的行政院長蘇貞昌也忍不住要杜正勝「不要硬拗」，不必為「罄竹難書」另做新解。

根據教育部國語推行委員會編著的《國語辭典》，「罄竹難書」一詞出自呂氏春秋……後用「罄竹難書」形容罪狀極多。一般而言，「罄竹難書」連國中生都懂，何況學歷史的博士又貴為教育部長的杜正勝會不懂嗎？為何要為阿扁用錯成語而另做新解而硬拗？原因自然是「拍馬屁」和「護主心切」，結果如此失態又失言，其形象就賠掉了。

教育部以前有位莊姓主任秘書，在他擔任主秘期間，其失言的程度令人瞠目結舌，而失言的次數也接近「罄竹難書」了。從二〇〇七年十二月底到二〇〇八年三月廿二日的總統大選，他像中邪似的一而再、再而三的不斷失言，而失言的程度更是變本加厲的脫軌演出。

最嚴重的一次失言「脫口秀」，是二〇〇八年總統大選投票的前五天。他在民進黨台中市舉辦的「百萬擊掌逆轉勝」大型選舉造勢活動中，上台後竟脫口以不堪入耳的髒話，攻擊國民黨總統候選人馬英九已過世的父親馬鶴凌。他說：「馬英九的爸爸滿口仁義道德，每天在『開查某』（台語『玩女人』之意），乾女兒變成『×』女兒；像這種人，全家都在騙！」聽完這段話後，不但引起現場群眾的一陣議論、騷動，連在場採訪的諸多媒體記者們都傻眼了，沒想到身為教育部的高官，竟然在台上講那麼低級露骨的髒話。第二天當然就引起社會大眾與媒體輿論的口誅筆伐，那位莊姓主秘後來就請辭下台。

一時失察說溜口，後果不堪設想

民國八十七年底，有位立法委員質詢當時的蔣姓國防部長，疾言厲色的問：「從八十六年到今年，一年之中軍中意外死亡的人數，竟高達三百六十九人，你身為國防部長，怎麼解釋？你怎麼說？」該蔣姓部長居然一開口就回道：「什麼地方不死人?!」全場的委員和媒體聽了這句話都楞住了，因為那位國防部長無論專業或人品均佳，頗受各界的敬重，竟也那麼嚴重的失言，第二天各大報的第一版頭條新聞的標題，不約而同的都以這句「什麼地方不死人」當標題，光是這一句極不當的失言，就讓社會大眾對他的形象大打折扣。

從上述諸多國內外政治人物的失言案例中，我們可以看出他們失言的因素，或因一時的失察、說溜口，或是太自以為是和過於硬拗，或者偏激言論和族群歧視，以及口不擇言，說話不厚道、沒口德等等。

政治人物因失言失態而造成的後果，大多是丟官、失職和形象損毀。而我們一般社會大眾，因失言失態而招惹不同的「口禍」，包括：最嚴重的莫過於出人命（可從社會新聞中經常看到），其次是吃官司（言論公然侮辱他人、詆毀和損害他人名譽或言語構成性騷擾等罪）到破財（官司敗訴就得依法官所判的金額賠償對方），而因失言所產生的「口禍」，最常出現在我們生活社交和職場中的狀況，就是造成人際關係的不睦、傷損，甚至無法彌補的破裂和遺憾。

我有一位女學生大學畢業後在當記者，工作表現相當傑出。有次她告訴我一個讓她懊悔多年的失言故事，說她有回去喝喜酒，與她同桌鄰座的一對從事教職的中年夫妻。雖然是初次見面，但由他們倆的互動言談中，她覺得這對中年夫妻感情甚篤。為了表示友善，就寒暄問：「兩位賢伉儷結婚多久了？」對方異口同聲回道：「十六年了！」接著就毫不加思索的問：「那有幾個小孩？都讀幾年級了？」結果他倆臉色突變默默不語。

後來她把這件事告訴新娘，新娘就指責她太白目了，失言失大了。原來那對夫妻為了生孕小孩，拜遍國內外廟寺祈子，也尋遍國內各大小醫院的名醫，均徒勞無功。後來她由新娘（她的摯友）那裡要到那對夫妻的通訊住址，特別慎重地寫了一封致歉的信，為她的失言而賠不是。

管好嘴巴，說話前三招防範

幾年前，我在聯合報的家庭版，讀了一篇「口不擇言，傷人傷己」的文章，感觸良深。該文是一位離婚的女性所寫，大意是她結婚前沒聽父親的苦勸，一意孤行嫁給一位從小就沒父親的男子（前夫）。在婚後的兩年之中，如她的父親所料，在強勢的婆婆和唯婆婆命是從的老公之間，生活十分壓抑、痛苦。在一次與前夫爭吵中，她就脫口：「你媽媽沒有男人，把你當成她的男人侍奉！」這句話後來傳到婆婆耳裡，最後就以離異收場。離婚後，她再三反省，非常懊悔當時講出那樣尖酸刻薄、傷人又傷己的話。真是所謂「刀傷易痊，舌傷難癒」。

人非聖賢，孰能無過？有誰能保證自己說話時從來沒有說錯話、口誤或失言過呢？但是，我們會發現有些人的確很少說話不得體或失言失態；當然也會碰到不少人經常口不擇言的說些不該說的話或者引喻失義和口誤。這兩者之間如此差異的關鍵，即為說話前「管理、防範」的概念。就是前者在說話時能管理好自己「什麼話能說、該說」和防範自己「什麼話不該講，也不能講」，而後者則相反，即不懂「管」也去「防」。所謂「謹言慎行」其道理即在此。

要如何管理、防範失言、引喻失義或口誤呢？

一、先思而後言：我們經常聽到批評別人亂講話，會說「這個人說話不經過大腦」，或「此人講話常少一根筋」。因此，在開口前必須先思考一下，要講的話得不得體，會不會叫人厭煩或令人反感，會不會傷人，即使開玩笑的話（在社交場合為了使互動的氣氛輕鬆些，經常會開開玩笑），也要考慮到對方會不會不悅或翻臉，而造成弄巧成拙的尷尬場面。

尤其是當自己情緒比較激動不平靜時（比如氣憤、亢奮、悲傷、心急等等），最容易把失言失態的話脫口而出。因此，這時候更應管理好自己的口舌，才能防範失言所造成的「禍果」。

二、少說為妙：俗曰「言多必失」。特別是當我們面對一些不甚了解人、事、物和場面，更應該少開尊口，多聽少說。

我國先哲呂新吾曾言：「寧有不知之名，毋貽失言之悔」。西方哲學家薄魯塔克也說過：「我們可能被多言所傷，但不會被沉默傷害，故智者寡言」。

三、**有備而後言**：我們在說話時，為了增強其表達力、說服力，往往會引經據典、套用成語、諺語或名人語錄等。然而經常因學不夠專精或不求甚解，而造成諸多引喻失義、誤用成語或字亂念錯等貽笑大方的失言後果。

以望文生義而誤用成語的例子而言，國內電視新聞主播也會犯這種錯誤。有一家新聞台的李姓主播，曾播報「在『如日中天』的高溫下，很多民眾趕著去台東……」，「如日中天」當然是形容人的氣勢很好、極盛時的狀況，怎能用來形容天氣呢？應該說「在『烈日炎炎』或「炙陽烈日」的高溫下……」才對啊！

知名人物讀錯音，魅力打了折扣

一般社會大眾因望文生義或一知半解，去引用成語形容辭句的例子可謂「司空見慣」，包括：

⊙始作俑者——這句是形容首開不良或壞榜樣的人，而不能用在首開好榜樣的人。所以不能說：「我們公司同仁有不少在周末時，去從事公益活動當志工，實值稱讚。而『始作俑者』是我們會計部的李玉潔小姐，大家給她掌聲獎勵獎勵，好嗎？」這種錯誤用法，不就和阿扁當總統時，誇志工作做了許多善事，誤用「罄竹難書」，頗具異曲同「錯」之妙呢！

⊙傾巢而出——原義是形容盜匪全體出動去打家劫舍、為非做歹，是不適宜用在「很多人出動」的。因此就不能說：「為了衝業績，這次我們公司的業務員『傾巢而出』……」。

⊙長袖善舞——是比喻一個人因有靠山、懂得走門道、四處拉關係，而做起事就比別人順手、容易。這是一句貶人之語，不能用在讚美、恭維之詞。新聞報導那些官商勾結、貪汙A錢的「主角」，大多是「長袖善舞」者。

此外，我們開口說話時，也很容易犯一種「說大不算太大，說小也不算小」的失言，就是唸錯字。比如誇讚一個人英文造詣頗深，如果把「詣（ㄧˋ）」字唸成「指」字音，就會被取笑「沒讀書」。

這種唸錯字讀錯音的現象，在社會各個層面、三教九流、各行各業中，可說相當普遍，達官顯要有之、商場巨賈有之、電視主播或媒體名嘴有之、綜藝節目主持人更有之、甚至連政府發言人都會「發錯音」。有一次，一位中央政府機關的發言人主持記者會時，就把成語「一丘之貉」的貉（音ㄏㄜˊ）字，唸成ㄌㄨㄛˋ字音。這位發言人的魅力當場就被打了折扣了。

就以二〇一五年十一月七日，全球矚目的兩岸領導人在新加坡舉行的「馬習會」而言，有好幾家電視台的新聞主播，就把「轉捩(ㄌㄧㄝˋ)點」唸為「轉捩(ㄌㄟˋ)點」，真是把眼「淚」都轉出來了。

中文字、辭文化博大精深，不是每個人都是國學大師或中文系教授，所以碰到不認識的字，常常會「有邊就讀邊、有字就讀字」而唸錯字音。比如：垂「涎(ㄒㄧㄢˊ)」三尺，就把「涎」字唸成「延」字音、草「菅(ㄐㄧㄢ)」人命，就把「菅」字讀成「官」字、「參(ㄘㄣ)差(ㄘ)不齊」就唸成「ㄘㄢ ㄘㄚ不齊」了。

唸錯字比比皆是，會錯意啼笑皆非

中文的每一字，一定有正確的發音（包括破音字），或因疏忽，或因不識，就經常會把字唸錯。在此，特別蒐集一些比較容易被唸錯音的字，以供讀者參閱。

- 圭臬（ㄋㄧㄝˋ）
- 人質（ㄓˋ）
- 啜（ㄔㄨㄛˋ）泣
- 挑剔（ㄊㄧ）
- 奴婢（ㄅㄧˋ）
- 輕佻（ㄊㄧㄠˊ）
- 劇坊（ㄈㄤ）
- 吮（ㄕㄨㄣˇ）乳
- 儼（ㄧㄢˇ）然
- 名媛（ㄩㄢˋ）
- 口供（ㄍㄨㄥˋ）
- 失怙（ㄏㄨˋ）
- 弔唁（ㄧㄢˋ）
- 占卜（ㄅㄨˇ）
- 姹（ㄔㄚˋ）紅
- 侍從（ㄗㄨㄥˋ）
- 失恃（ㄕˋ）
- 匕（ㄅㄧˇ）首
- 呵（ㄏㄜ）責
- 天塹（ㄑㄧㄢˋ）
- 召（ㄓㄠˋ）集
- 中（ㄓㄨㄥˋ）肯
- 忠告（ㄍㄨˋ）
- 夭（ㄧㄠˇ）折
- 囹（ㄌㄧㄥˊ）圄（ㄩˇ）
- 召（ㄓㄠˋ）開
- 青睞（ㄌㄞˋ）
- 告（ㄍㄠˋ）罄
- 嬌嗔（ㄔㄣ）
- 贗（ㄧㄢˋ）品
- 漆（ㄑㄩˋ）黑
- 畫押（ㄧㄚˊ）
- 滑（ㄍㄨˇ）稽
- 嫵（ㄨˇ）媚（ㄇㄟˋ）
- 躊（ㄔㄡˊ）躇（ㄔㄨˊ）
- 淘（ㄊㄠˊ）金
- 烘焙（ㄅㄟˋ）
- 署（ㄕㄨˋ）名
- 老嫗（ㄩˋ）
- 雋（ㄐㄩㄢˋ）永
- 針砭（ㄅㄧㄢ）
- 妊（ㄖㄣˋ）娠（ㄕㄣ）
- 聒（ㄎㄨㄛˋ）噪
- 老媼（ㄠˇ）
- 蒸餾（ㄌㄧㄡˋ）
- 針灸（ㄐㄧㄡˇ）
- 分娩（ㄇㄧㄢˇ）
- 齷（ㄨㄛˋ）齪（ㄔㄨㄛˋ）
- 女紅（ㄍㄨㄥ）
- 繾（ㄑㄧㄢˇ）綣（ㄑㄩㄢˇ）
- 奇葩（ㄆㄚ）
- 雄赳（ㄐㄧㄡˇ）赳（ㄐㄧㄡˇ）
- 面面相覷（ㄑㄩˋ）
- 揠（ㄧㄚˋ）苗助長
- 熟諳（ㄢ）
- 頂呱（ㄨㄚ）呱（ㄨㄚ）
- 相形見絀（ㄔㄨˋ）
- 鰈（ㄉㄧㄝˊ）鶼（ㄐㄧㄢ）情深
- 蹩（ㄅㄧㄝˊ）腳
- 轉捩（ㄌㄧㄝˋ）點
- 聽（ㄊㄧㄥ）天由命
- 酩（ㄇㄧㄥˇ）酊（ㄉㄧㄥˇ）大醉
- 靦（ㄇㄧㄢˇ）腆（ㄊㄧㄢˇ）
- 太陽穴（ㄒㄩㄝˊ）
- 病入膏肓（ㄏㄨㄤ）
- 白髮皤（ㄆㄛˊ）皤（ㄆㄛˊ）

- 靦顏
- 眼眶
- 紕漏
- 狡黠
- 延宕
- 忖度
- 白皙
- 杳然
- 人材濟濟
- 手腕高明
- 敬業樂群
- 仁者樂山
- 各奔前程
- 從容不迫
- 以儆效尤
- 不禁臉紅
- 稱心如意
- 有恃無恐

- 強脾氣
- 木乃伊
- 遠小人
- 遠庖廚
- 勾不著
- 狙擊手
- 水淙淙
- 一幀畫
- 不禁赧然
- 心寬體胖
- 大腹便便
- 模稜兩可
- 虛與委蛇
- 租賃契約
- 浪費公帑
- 馳騁沙場
- 褫奪公權
- 羽扇綸巾

- 委靡不振
- 溘然長逝
- 胼手胝足
- 衣錦還鄉
- 歲月蹉跎
- 身無長物
- 罪無可逭
- 躡手躡腳
- 敉平叛亂
- 剛愎自用
- 良莠不齊
- 修葺房舍
- 湛藍天空
- 違警罰鍰
- 風聲鶴唳
- 暴殄天物
- 櫛比鱗次
- 三思而行

- 傾國傾城
- 半身不遂
- 身材魁梧
- 天真瀾漫
- 匹夫之勇
- 棋高一著
- 黌舍巍峨
- 壓軸好戲

・因噎（ㄧㄝ）廢食　・令人咋（ㄗㄜˊ）舌　・鍥（ㄑㄧㄝˋ）而不捨

・有條不紊（ㄨㄣˋ）　・文（ㄨㄣˋ）過飾非　・否（ㄆㄧˇ）極泰來

除了上述那些字比較容易唸錯之外，還有些字，大家都一直錯著唸，而錯著唸久了，也不覺得唸錯。比如「處女」，正確的讀音是「處（ㄔㄨˇ）女」，然而幾乎沒有人那麼正確的唸，我們聽到的（包括自己）一概「三聲」唸成「四聲」音，就是「處（ㄔㄨˋ）女」。為什麼？大概正確的「三聲」音和「女（ㄋㄩˇ）」字的「三聲」音，連在一起發音就比較拗口吧！

另外就是台北市「西門町」的「町」字，其正確音是「ㄊㄧㄥˇ」（停），而不是「ㄉㄧㄥ」（釘）。但是大家都一直唸「ㄉㄧㄥ」，那就從「錯」如流的跟著唸「釘」唄！如果你硬要正確的唸「停」音，人家很可能聽不懂，甚至誤解呢！比如你在台北市搭計程車時，跟司機說要去「西門町（ㄊㄧㄥˇ）」，司機二話不說，一路開到「西門」就把車停到路邊，你就問：「為什麼停在這？」司機回道：「先生！這裡就是西門啊！你不是說到西門『停』嗎？」（一笑！）

秀出認錯的誠意與悔意，勇於致歉、請罪

俗言「吃飯沒有不掉米粒，吃燒餅沒有不掉芝麻。」即使再怎麼謹慎的管理或周全的防範失言失態，每個人總會有講錯話和做錯事的時候，屆時要如何面臨所招惹的「口禍」？也就是「如何處理失言失態的危機」。

一、當機立斷、勇於認錯：西方有句哲言「知過而不認過，是最大之過。」我們可從媒體新聞報導中，常見到不少的公眾人物失言後，仍然死不認錯，甚至被輿論批評後，還很牽強、

硬拗地用些歪理為自己的失言強辯。其後果非但無法彌補失言之錯，而且更惡化社會大眾對其觀感，其形象的損害，可說雪上加霜了。

俗曰「知過能改，善莫大焉。」既然已經失言，就應當機立斷，勇於認錯。而且認錯的時機是愈快認錯愈好，如此才能控制「口禍」的「損傷度」和降低「折損點」，不讓「口禍」的「惡果」更惡化。換句話說，失言就像「失血」，認錯就是「止血」。認錯的時機如果拖愈久，當然所失的「血」，必將流得更多。

二、展現誠意，道歉請罪：春秋戰國時代，老將廉頗因「失言」，為了展現其認錯的誠意。特別「負荊請罪」登門道歉。結果引為美談，萬古流芳。

馬英九總統在二〇〇八年競選總統期間，曾因失言（對原住民講出一句相當歧視的話），而馬上很有誠意的開記者會，在諸多傳播媒體面前向原住民鞠躬致歉，結果頗得社會大家和原住民的肯定。

既然因失言失態而認錯，就必須秀出認錯的誠意、悔意，很誠懇地向對方致歉、請罪。千萬不能讓人家覺得你認錯、道歉的態度不夠真誠，覺得你的道歉似乎心不甘情不願，好像敷衍了事而已，甚至道歉時還為自己所犯的錯找些藉口等。這種沒誠意的認錯、道歉，往往會招惹更多令人反感的議論。

記得多年前，世界級的香港武打巨星成龍，因搞婚外情被媒體披露並大肆報導，為了挽救自己的形象，成龍就開記者會坦承認錯，沒想到他在記者會中竟說是——「犯了全天下男人都會犯的錯……」。自己認錯就好了，為什麼還要把「全天下的男人」都牽拖下來？這就好比一名學生考試作弊被老師抓到，然後在認錯時說：「我犯了全校學生都會犯的錯。」一樣嘛！這種的認錯道歉實在太沒誠意了，怎會得到社會大眾對他的好感呢？

因此，如果失言失態後要認錯、道歉，一定要以誠懇的態度，由衷地向對方致歉意，而且不能找任何藉口或理由（包括：「我那天因為衝動了……」或「我那天因為酒喝多了……等等」。最好是說：「我那次實在不應該講那些那麼傷害你的話……，真的很對不起……」或「真的很抱歉、很失禮，我的確失言了……請原諒……」等。相信對方定會感受到你前來道歉請罪的誠意，大多都會接受你的道歉，而原諒你的失言失態。

第九章。

溝通能成功，凡事必順通

溝通，是生活中的「必需品」；工作上的「必備工具」。

——方蘭生

語言是說話和溝通的工具，當我們跟他人溝通時，最好選擇對方最習慣、最願意接受的語言交談，以降低彼此溝通時的阻礙；同時如果雙方對一些事物的看法、想法南轅北轍，自然會造成雞同鴨講的「不通」狀況。

我經常以「溝通技巧」為主題，被邀請到各界演講。比如許多國小、國中請我給家長們講「如何做好親子溝通」，到各地社區講「兩性（或夫妻）互動溝通之道」，而各行各業的公司機構常請我去講「職場的人際溝通技巧」。這當然很明顯的反應出，無論是「家庭親子關係」、「兩性關係」或職場中的「人際互動」，為什麼他們要聽這些以「溝通」為題的演講？原因如下列：

- 台灣親子關係亮起紅燈的主要原因，是父母與子女之間的溝通欠佳。
- 根據一項調查，台灣夫妻之間吵架的主因，就是彼此的溝通不良。
- 在職場上，無論是勞資關係、上司與部屬、同事之業或與客戶的互動，經常弄得不愉快，甚至形成水火不容的情況，原因也是彼此不懂溝通之道。

為何講不通，找出其間鴻溝

其實，溝通對任何人而言，都很重要。每個人自出生以後，可說時時刻刻都必須與他人溝通。即使一個還不會說話的小嬰兒也懂得以「哇哇！」的哭聲，向媽媽表達要吃奶或換尿布的生理需求。從小到大，我們學會以語言、說話去跟人溝通，來滿足各種不同的需求，來解決人際互動時的各種問題。因此，溝通不但是我們生活中的「必需品」，也是我們工作上的「必備工具」。

一位教授在課堂上問學生：「什麼是溝通？有哪位同學能解釋溝通？」

一位自告奮勇的同學馬上回答：「溝通就是兩隻青蛙跳下水。」

教授不解：「你這是什麼意思？」

學生回道：「兩隻青蛙跳下水，就是『噗通、噗通』（不通、不通之諧音）嘛！」

這雖然是個「冷笑話」，但也反應出溝通的失敗結果，即為「不通、不通」。

為何會有「溝」不能「通」，當然和一個人的溝通能力和技巧相關。基本上，比起西方，我們是在一個相當缺乏溝通教育的環境中成長。從家庭教育到學校教育（除了大學有開「溝通」相關的課程之外），有多少父母和老師懂得教子女和學生「如何與人溝通」的技巧？

一條水溝無法通水，其原因當然是被東西或雜物阻塞了。人際之間在溝通時，如果「講不通」，也是因為彼此溝通之間有障礙。這些障礙包括：

‧語言不通或不適：如果彼此之間語言無法通，怎麼能溝通，即使比手劃腳半天，也是枉然。

所謂語言不適，指彼此溝通時，使用的語言對方不習慣或聽得不舒服、反感。

一位客戶跟公司的主管抱怨：「陳經理，你公司那位業務李小姐，實在不上道，很難跟她溝通。她明明是咱們台灣人，也會講台語，卻一直和我講北京話（指國語），我是愈聽愈不爽……。」

李小姐同時也跟陳經理反應：「經理，那個客戶真是討厭，也不是不會國語，就是愛講台語，我聽得很不習慣……。」

語言是說話和溝通的工具（在前面「工欲善其事，必先利其器」章節有詳文）。當我們跟他人溝通時，最好選擇對方最習慣、最願意接受的語言溝通，以降低彼此溝通時的阻礙。上述的案例，李小姐就應該用台語跟客戶溝通，因為「客戶至尊」、「顧客永遠是對的」，不是嗎？

非理性的障礙，生活常見

・**思想、理念、價值觀的不同**：這是一般溝通時，最常產生的一種障礙，如果雙方對一些事物的看法、想法是南轅北轍，自然會造成雞同鴨講的「不通」狀況。譬如許多父母或主管，常常認為跟子女或年輕部屬之間有代溝，所以會發生「有溝難通」的問題。父母、主管往往以「愛拚才會贏」來告誡或鼓勵子女、部屬，但是他們的看法可能是「會贏才去拚」。

二〇〇八年四月在南海開博鰲會議時的「胡蕭會談」，可說是舉世矚目。會談結果，國民黨對這趟歷史性的兩岸「融冰之旅」成果很滿意（包括中共的善意、高規格禮遇及會談內容）。然而民進黨卻批評「胡蕭會談」說我們被「矮化」、「沒國格」及「配合中共演出」等。這都是思想、理念及價值觀之不同。

・**彼此背景、環境、層次及文化之差異**：無論是出身、學歷或專業的背景、工作和生活的環境以及社會地位或文化的認知，假如彼等的落差太懸殊，在溝通時也容易形成阻礙。俗曰「秀才遇到兵，有理講不清」，其道理即明顯可見。

・**非理性的障礙**：在溝通中，如果自我意識、主見、成見、偏見、意識型態、「應該主義」過強，甚至以施壓、威脅、「鴨霸」等方式溝通。這些非理性的溝通觀念和方式，稱之為「溝通的沙文主義」——即認為別人的想法和行為都應該跟自己一樣；易言之，就是別人怎樣講都是錯的，自己才是對的。這也是溝通時，許多人最容易犯的毛病，在我們日常生活或工作上，可說經常見到。

「怡婷，妳上次提的那個構想，我覺得很有創意，而且執行面也沒什麼困難，為什麼不去跟劉經理報告？」

「哼！我才不會去跟劉經理提呢！」

「為什麼？」

「因為上次我曾經跟他提過一個類似的案子，還沒報告完，他就說行不通。他那一副超級主觀、自以為是的樣子，而且說話的語調又那麼鴨霸，我才不願再自討沒趣呢！小陳，你應該也聽過同仁都說，劉經理是公司第一號難溝通的人。」

××××

「志文，明年就要申請和考大學了，你到底要讀什麼系？決定了沒？」

「媽！我決定讀歷史系，因為我對歷史很有興趣。」

「什麼？歷史系？學歷史有什麼出息。畢業以後能找什麼工作？我跟你爸爸商量好了，希望你讀會計系，畢業以後再考會計師，工作不但容易找，而且一個會計師的收入很可觀……」

「媽！我不要讀會計系，我對數字毫無興趣。」

「唉！志文，你這孩子怎麼不聽爸媽的話？我們是為你著想。你看你大伯的兒子明仁哥，他就是學會統的，才當了三年多的會計師，現在房子、車子都有了。你應該學學他啊！」

「媽！你們不能強人所難，我實在不喜歡當會計師。」

「不管，聽媽的話準沒錯，你就給我去申請會計系！」

存異求同，溝通共識

溝通，英文是communication，它是由拉丁文communis演變而來的。其原意即為「彼此分享」、「建立共同的看法」，所以溝通的本質和意義，就是「彼此的互動、瞭解、回應」，期能經由溝通的行為和過程，來建立彼此的共識、認同和合作。因此，溝通是雙方傳達彼此訊息的一種「瞭解」互動，而非要對方「一定接受」或「應該接受」自己的訊息或期望。如果沒有對「溝通」有這種正確的認知，就很容易在跟他人溝通時，造成上述多種「有溝不能通」的障礙。因此，在溝通時要能順通，就必須學會或設法先把這些障礙排除掉。

除了對「communication」的本質、涵義要有正確的認知之外，而在溝通時，也應該建立溝通的正確的觀念——「尊重與包容」，尊重對方的觀念、看法和包容對方異己的說法、意見。如此才能從溝通時雙方互動、瞭解和回應的過程中，達成彼此「存異求同」的共識，完成雙方均能接受的觀點和做法。

如何去跟人溝通？溝通的技巧有哪些？

一、知己知彼的功課：雨辰有句名言：「一個不能了解自己的人，根本就談不上了解別人」。要跟別人溝通前，必須先要做好「自我溝通」的功課。所謂「自我溝通」就是從「自我了解」到「自我評價」。

「自我了解」當然指了解自己的各種狀況，包括自己的思想、理念、價值觀、個性、情緒、習慣、嗜好、健康、人際關係以及溝通能力等。

「自我評價」是指「自我表白」和「自我反省」。很客觀的去分析自己的優、缺點，反省自己在跟人互動、溝通時，所有正面和負面的回應，檢討自己是否具有溝通的種種障礙，然後再進一步地去反省、排除及改進這些溝通時自己常犯的毛病和障礙（尤其是上節所述的那些「非理性」的障礙。）

知彼是指了解溝通的對象，這是在進行溝通前一項很重要的功課。了解對方的項目包括：年齡層、家庭身世、教育程度、經濟能力、專業特長、個性喜好、價值觀、情緒以及溝通能力等等。

如果要跟年輕人溝通，最基本就要了解現代年輕人（所謂「e世代」的特性——自我意識強、自主性高（只要我喜歡，有什麼不可以！）、愛表現（愛炫）、敢表現（耍酷）、反權威、反傳統、服從性低、質疑性高等。如果你跟e世代溝通時，動不動就以「傳統」、「權威」的言語跟他們「說教」，譬如父母、師長或主管以「用功求學」、「做好業績」為話題跟他們溝通：「我告訴你們，『吃得苦中苦，方為人上人』，想當年我……」。這種溝通方式，保證不容易「通」，因為根據一項國高中、大學生的調查，他們最不喜歡聽師長、父母開口閉口就講「想當年如何如何」。

知己知彼的功課做得愈好，溝通時的阻力就愈小。套句俗語即為「一分耕耘，一分收穫」。

口語含混，易致錯誤訊息

二、說清楚、聽明白：把要溝通的訊息說清楚、講明白，並且能確定對方聽清楚、聽明白；當對方傳達溝通的訊息時，我們也要聽清楚，而且跟對方表達了解對方訊息的意思，這是溝通的基本步驟。

當我們口語表達時，或因語意不詳、或因發音不準（濃厚鄉音、台灣國語等）、或因意思含混不清、或因口誤和諧音、或因周遭雜音干擾等等因素，而造成對方誤解、聽錯或聽不清楚等現象，這都會影響到溝通的效果。

有家公司的總經理要請兩位重要客戶吃飯，想爭取更多的生意。就跟業務經理商量：「林經理，你看請那兩位客戶吃日本料理還是吃西餐？」

「報告總經理，據我了解他們兩位都愛吃牛排，而且喜歡喝紅酒，所以我建議請他們吃西餐。」

「嗯！好，就請他們吃頓西餐。那就這星期六晚上七點訂鴻霖西餐。林經理，就麻煩你訂六個位子，包括你自己噢！」

「總經理，沒問題，我今天就會訂妥位子。」

到了星期六晚上七點，總經理、兩位客戶和另外兩位陪客都到達鴻霖西餐廳，不但發現沒人訂位，而且也沒看到林經理。總經理又急又氣馬上用手機call林經理，結果林經理一個人在「紅林」西餐廳等大家。「鴻霖」和「紅林」發音完全一樣，而且均為台北市的知名西餐廳。

假如那位總經理在交代林經理訂鴻霖時：「是江鳥鴻的鴻，霖是甘霖的霖……。」林經理回一聲：「我知道，是仁愛路上那家鴻霖西餐廳，沒問題。」那不就是「沒問題」了嗎？

有一回我在台北搭計程車，上車後就跟司機說：「到民生東路、龍江路」，司機：「了解」了一聲就開車上路。結果司機竟把我載到民生東路、松江路。「龍」和「松」近音，而且都和民生東路交叉。如果我上車跟司機說民生東路、龍江路之後，司機能再把我說的目的地重覆一次，我就可以確定他沒有沒聽錯。但是司機當時並沒有重覆一遍我要去的地點，只回一聲「了解」，結果他並沒有真的「了解」。

認真聽人說話，明確內容

相反的，當對方跟你溝通陳述他的意見、訊息時，就要注意去聽清楚、聽明白，而且要向對方確認你了解他所說的內容、訊息。

約翰・杜威（John Dewey）曾說：「語言只有在有人說，而且有人聽的情況之下才算存在，聽者是其中不可缺的成員。」而溝通也是一樣，必須要有聽者好好的、認真的聽，能算是好的「溝通者」。

兩名公司主管在閒聊，其中一主管嘆道：「我的部屬溝通習慣很差，每個人都想說，卻沒人願意聽。」

另一主管點點頭：「您說得沒錯，我的部屬也是一樣，每個人都『我有話要說』，沒有人願意聽。即使有人聽，也只是用耳朵去聽，而不是用心去傾聽。」

法國一位溝通專家賈克沙羅梅曾說：「傾聽，就是歡迎對方表達，而本身卻不做任何論斷；同時可聽取對方的價值觀，嘗試了解對方的思想、內心世界。」傾聽也就是在對方表達、陳述其訊息、看法的這段時間內，你要放棄插話、搶答的機會，讓對方能夠充分陳述他的想法、內容。因為你一張口搶話，就是「傾聽」的主要障礙。

米蘭康德拉曾說過：「一個人終其一生都在尋找同類，原因無他，只是為了想強佔對方的耳朵。」要默默地傾聽他人說話是件難事，因為人們總是會忍不住開口或分心。

所以特別列出「傾聽的要領」供大家參考。

（一）去除「只想講，不想聽」的惡習。

（二）用心地去聽取對方表達的任何訊息、內容。

（三）跟對方溝通時，不打斷對方話題。

（四）讓對方能夠充分陳述其訊息、意見，而不給對方「壓力」（比如一副很不耐煩的動作或樣子）。

（五）要懂得給對方適當的回應。

（六）讓對方確定你完全了解他的陳述內容。

找出共同性，對話投機

三、先從「同」字著手：論語有云「道不同，不相為謀」這個「道」是指對事物的看法、價值觀、信念等。如果在這方面能有共同，即可相為謀。彼此溝通時，是比較能「通」。

在這個單元的「同」字，就不只是「道同」，而是很廣泛的「共同」、「共通」之處。比如說彼此的背景相同、同鄉、同姓同宗、同校、共同認識的朋友、同樣的興趣或嗜好等等。

有次我看一部好萊塢的警匪片，女主角是一名聰明又強勢的女警探，她在片中辦一件棘手的連續殺人案。她要去一個地方政府的某單位調一份跟案情密切相關的檔案資料，因為那些檔案是屬機密資料，即使是警方來查閱，也是要申請許多官方手續才能查閱那些機密檔案。女主角實在沒時間去申請一關又一關的官方手續，她就直接找管理那些機密檔案的職員，希望該職員能通融一下，不必先去辦那些麻煩的官方手續，就讓她能查閱某些機密檔案。

女警探到那管理員的辦公室，亮出警探的證件後，並沒有直接要求查閱檔案。女警探發現那名管理員的辦公桌上有一張某高中為背景的照片，就問那管理員是否是那高中畢業。管理員說是，女警探就說彼此是校友，接著自然就談許多讀那所高中的往事趣聞。後來女警探就表明來意，希望能查閱某些機密檔案，起先管理員面有難色，說查閱那些檔案，必須要有官方的公文等，後來就表示難得遇到高中校友又聊得那麼投機，就擅自讓女警探查閱那些檔案。

設身處地，多替對方想想

有家公司的主管，要他的部屬羅小姐去跟一位頗重要的客戶溝通，希望能否遲個三天交貨。那名主管再三叮嚀羅小姐，說那劉姓客戶得罪不起，而且個性又「龜毛」，千萬要好好跟他溝通。

羅小姐到達客戶的辦公室，看到牆上有高爾夫球隊的照片，櫃架上也擺些得獎的紀念品，就笑著說：「劉董，哇！您球打得真好，還得那麼多獎，不簡單！」

「哈！我就是愛打高爾夫，打了快卅年了，羅小姐也打球嗎？」

「是啊！我讀國中時，我爸爸就逼著我學打高爾夫，後來就愈打愈有興趣，先後也打了十年了，當然沒有劉董打得那麼好。」

在羅小姐跟客戶大談高爾夫球經之後，羅小姐才很客氣的解釋為什麼這次公司的交貨日要遲三天，並希望劉董能夠包涵、寬容這次公司晚交貨的苦衷。劉董聽完後，不但表示諒解，接受交貨要晚三天，而且還要請羅小姐和羅小姐的爸爸一塊打場高爾夫球。

同理心，則是溝通時另外應該注意的「同」。所謂同理心就是站在對方的立場設想或接受。譬如客戶的某些權益受損或被輕忽了，客戶就很生氣來理論，甚至大發脾氣。張小姐則代表公司要跟這位氣沖沖的客戶道歉、解釋，並做一些彌補客戶受損或沒被重視的處理。

「陳先生，真的很對不起，這都是我們公司的錯。你這麼生氣是理所當然的，如果我是您，我也會很火大……。」先站在對方的立場表示「同感」，再解釋公司如何會彌補客戶的受損等，客戶就可能比較容易接受。

在我們跟任何人溝通時，如果覺得「開門見山」去進行溝通，可能會出現溝通不成的某些阻力，不妨先找出彼此某些「共同」、「共通」之處，或展現「同理心」，以增強溝通順暢的成功率。

以「氣和」代替「氣壯」，理直更正當

四、理直不必氣壯：當一個人在表達一些理念、道理時，如果他覺得「理」很直、很對，自然氣就容易壯，而聲音也會較大聲，此為人之常情，但是當我們跟人進行溝通時，理即使很直，氣則不必壯。因為「氣壯」、「聲大」比較容易使對方產生反感，甚至反彈，而形成溝通的障礙。

某公司有兩名基層主管，為了一件行銷計畫案在商討、溝通。林課長主張這個行銷案應該以「公關活動」、「促銷活動」、「廣告」和「DM」交叉並重，展現「行銷傳播整合」的效果。陳課長則認為該行銷企畫要以「廣告」為主即可，不必那麼麻煩。結果林課長認為自己比較有理，氣就壯起來而講話的分貝也提高：「陳課長，你懂不懂行銷啊！現在廣告的效果那麼差，不但廣告費白花力而且一點行銷功能都沒有……。」

「喂！林課長，你好好講就好了，幹嘛那麼大聲，你要吵架啊！……。」

事實上，林課長的行銷主張是很有道理，比起陳課長的行銷構想來得高明，而且行銷效果是事半功倍。結果兩人在溝通時，林課長不但有了「裡子」（有理），竟連「面子」（數落陳課長）也不給對方，難怪陳課長會火大而嗆聲回去。

假如林課長能心平氣和地提出自己的主張，同時又能顧及對方的面子：「陳課長，您是聰明人，也是一位很專業的業務主管。應該能了解我那『行銷傳播整合』的構想，不只能幫公司省錢，而且行銷效果又強，您說對不對？」陳課長聽完這番「你有裡子，我有面子」話，自然

就會認同林課長的構想。

因此，在溝通進行當中，理直就不必氣壯，因為氣壯容易造成對方不爽，溝通的阻力則會出現。以「氣和」代替「氣壯」，較能增強溝通的功效。

以能通之處會商，就是實質的「互惠」

五、「雙贏」的共識與互動：溝通是你表述你的意見後，我再陳述我的看法，在你來我往中，建立某些雙方均能接受的論點或做法。因此，溝通的結果應該是「雙贏」（win to win），而非像西部片中兩名槍手決鬥後的下場——「不是你死，就是我活。」

溝通時，為了達到「雙贏」的結果，彼此就不能「硬碰硬」。要懂得「彈性」和「讓步」的藝術，換句話說，就是要懂得替雙方保留「討價還價」、「進退空間」的商討機會和餘地，而非堅持以「不二價」或把對方「逼死牆角」的「零和」方式進行溝通。

二〇〇八年四月間，當時的副總統當選人蕭萬長赴中國海南參加「博鰲會議」，與中共總書記胡錦濤會談的「融冰之旅」，可說是溝通「雙贏」的範例。其因素是：

1. 雙方把「不通」的阻力——「一個中國」，絕口不提，擺在旁邊，即謂「擱置爭議」。
2. 中共從「接機」、「貴賓席」（大會的第一排）到「胡蕭會談」給足台灣「面子」；蕭萬長不以「副總統當選人」的身分（以他個人「兩岸共同市場基金會」董事長的「博鰲會議」會員身分）赴會，也並沒要求中共以「準元首」的禮遇相待，算給了中共的「裡子」。彼此均有「讓」的善意。

3. 雙方以能通之處進行溝通會談——「兩岸直航」及「開放大陸觀光旅客來台」，也就是實質的「互惠」。

某家公司的員工，集體要求年終獎金比去年多發一個月（去年是加發三個月）。理由是已經五年都維持加發三個月薪資的年終獎金，沒有調加過，而且公司這些年來一直很賺錢，應該「回饋」點給員工。同時員工代表還放話給老闆。如果這次不加發成四個月的年終獎金，就準備集體罷工，走上街頭讓新聞媒體來報導。

退一步，海闊天空

假設勞資雙方都是「硬碰硬」——老闆堅持不加發年終獎金，甚至還放話給員工「如果你們要集體罷工、走上街頭曝光於媒體，我就準備降低年終獎金」。而員工也不甩老闆的放話，真的集體罷工並請媒體來採訪報導。這就是兩敗俱傷。

為了不必造成雙方受損的後果，勞資代表就進行溝通會談。老闆在雙方代表溝通會議上，特別解釋公司這些年是賺錢，但前兩年就把大量的資金投資到大陸設廠，不然的話，早就會給同仁們調加年終獎金了。這半年來，公司在大陸設廠的生產和營運狀況剛剛穩定，所以今年的年終獎金先略微調加，發三個半月的薪資，明年再設法為大家調加到四個月，希望同仁們能夠接受，別那麼衝動要走上街頭罷工、抗爭⋯⋯。後來員工代表經過商討就欣然接受老闆的意見。這就是「雙贏」的溝通。

1. 「討價還價」：年終獎金從原本給三個月，調加成三個半月（老闆讓步）；員工原來要求發四個月，也讓一步，接受三個半月的年終獎金。

2. 彼此釋出善意：老闆答應明年想辦法加發四個月年終獎金；員工答應取消罷工上街頭。

俗曰「退一步，海闊天空。」在人際溝通中，如果能釋出善意，讓對方覺得你有「讓步」的商討誠意和空間，非但能增強對方溝通的意願，也比較容易提高對方「讓步」的機率和善意。

雞同鴨講，不必灰心喪志

六、溝通失敗、不通，怎麼辦？劉小姐為了請調單位的事，跟她的主管反映了好幾次，結局都是沒下文。有次劉小姐再度進主管辦公室溝通請調之事，結果還是碰壁。回到座位就氣呼呼跟同事說：「經理實在不配當主管，跟他溝通了好幾次，總是講那些有的沒的，什麼要沉著氣、戒急用忍，真是莫名其妙。」

小周為了一個企畫案，在電話中跟客戶溝通了半天，最後還是「有溝不能通」，掛了電話就對辦公室的同仁說：「這種不上道的客戶不要也罷，跟他解釋又說明了快一個鐘頭，就是講不通，簡直是雞同鴨講……。」

這是兩個職場上「溝通失敗」的案例。無論在工作或生活中，相信每個人都有「溝通不成」的經驗。那種失敗後的挫折感、失落感、沮喪、打擊，甚至傷痛感等，每個人亦曾感受過。

幾年前，曾經應邀參加中視「周日八點檔」節目當特別來賓。在節目中的主要工作，就是在「十字路口」那個單元中跟「當事人」（徘徊在「十字路口」的來賓）溝通，建議「當事人」應該走哪條路。參加過幾次的錄影，我滿有成就感，因為在節目中溝通結果，「當事人」都能接受我們（三位特別來賓）的意見，並選擇我們建議他們應該走的路。

後來我又接到該節目的錄影通告，當然就欣然接受。那次在「十字路口」的「當事人」是名漂亮又打扮十分時髦的五專生。溝通的事項是她想要在手臂上刺青（紋身），而且是要刺上男朋友的英文名字。原因：1. 趕流行、求時髦，她認為現代女孩如果不刺青，就是落伍、很遜。2. 刺男友的名字，代表對男友真心和永愛不渝。

人際互動，學習成長

我就跟另外兩位女性特別來賓輪番與她溝通，勸她三思而後行，不要那麼衝動要去刺青，尤其是刺男友的英文名字。溝通結果，她還是一意孤行，決定要完成她的心願，而且是當天晚上就去刺（節目的製作單位隨後也跟著去拍她刺青的過程）。

節目製作單位眼看著我們跟「當事人」溝通失敗，或許發現兩位女性特別來賓的表情頗有不悅之色，在錄影完畢馬上過來向我們三位致歉：「不好意思，真的不好意思……。」

我笑一笑：「有什麼不好意思，我們溝通不成，算是多了一次失敗的經驗。我會回去自我檢討，是否我們的溝通技巧不夠，或是其他的因素，這也是一種學習嘛！」

溝通不成、不通，一定有其因素。除了前面「溝通的障礙」的章節所提到的之外，可能是「時、地不對」、「情緒相關」、「準備不足」、「得失心過強」以及「技巧問題」等。

因此，溝通失敗後，就應該：

1. 客觀檢討失敗的原因，不要一味的或情緒化的怪罪和抱怨對方。

2. 不必過於自責、鬱卒、灰心或氣餒，以免減低自己以後跟人溝通的信心。

俗曰「天下不如意之事，常十有八九。」相信溝通不如意，應該也是其中之一吧！其實溝通也是一種人際互動的學習和成長，假如能從失敗中，學到或領悟出一些溝通之道，不也是一種收穫和成就嗎？

第十章。

循循善誘的說服訣竅

言語不可妄發，發必當理。

——朱熹

想要說服對方，並令其心服口服地接受你的說服內容，首要之務就是要做好了解對方的功課（所謂「知彼」也），包括對方的價值觀、消費觀、想法、習性、興趣、嗜好、教育程度、經濟能力或心理等等。

一位媽媽看完就讀國二兒子的成績單，皺著眉頭搖著頭：「志傑！你是怎麼考的啊！這次竟然退到全班倒數第三名。爸媽哪一點虧待你了？我們住的是豪宅，你穿用的全是『正港』的名牌。你看你那讀建中的表哥，他們住國宅，穿用都是夜市買的仿冒貨。但是你表哥讀國中三年每學期不是第一名就是第二名，從來沒考過第三名，你卻考倒數第三名，你不覺得丟臉嗎？」志傑嘟著嘴：「媽！妳有完沒完啊！老是提表哥，人家是資優生又是模範生……。」媽媽又氣著說：「你就不會見賢思齊嗎？人家能，你為什麼不能？」

言語理性感性兼具，別人不當耳邊風

「佳伶，我們當同事也五年多了，情同姊妹，無話不說，老實告訴我，是不是還沒和Paul斷……嘆！我就知道。妳知道嗎？公司上上下下幾乎都知道妳跟一個有婦之夫在一起，經理都還跟我提過，還說要我勸勸妳……。」

「啊！經理怎麼說？這是我的私事，關他什麼事！」

「人家經理也是一片好意，說當第三者都沒什麼好下場。如果被人家老婆發現的話，告個妨害家庭、通姦罪，還要坐牢呢！」

佳伶嘟著小嘴：「我們很小心，在一起快一年了，他老婆根本沒懷疑過。」

「拜託！這種事是紙包不住火的。聽我的話，我是為妳好，懸崖勒馬，回頭是岸，趕快跟Paul一刀兩斷。再說妳的條件這麼好，追妳的未婚帥哥也不少，何苦跟一個有老婆又有兩個小孩的男人在一起。別愈陷愈深，不會有好結果的。這次答應我，好好深思熟慮的想一想，好嗎？」

結果佳伶下班前接了一則Paul的簡訊，晚上又去Motel幽會。把她同事一番苦勸完全當耳邊風。

×××××

「羅主任，你的辭呈，總經理也看了，老總說要我跟你談談，希望能把你挽留下來，要你再考慮考慮？……」

「報告經理，我就是考慮過後才寫辭呈的，謝謝總經理的好意，我只是想換個工作環境試試。」

經理皺著眉頭苦笑：「羅主任，你來公司三年半了，表現佳、有幹勁，客戶的反應也一直很好。所以公司很快就升你當主任，而且你再好好做下去，過個兩三年，總經理還會考慮擢升你當副理呢！到時候，你就是公司最年輕的副理，這種際遇是不多的，錯過這機會真是太可惜嘍！」

經理接著嘆口氣：「唉！你還年輕還不懂。我在這行業打滾了二十五年，看多了。再說你要去的那家公司，規模沒我們公司大，福利也不見得比我們好。我也有朋友在那裡上班，聽說業績壓力很大，大家競爭也強，想當個副理可沒那麼簡單，我是為你好，聽我的話不會有錯的。」

「謝謝經理的好意，我願意接受新環境的挑戰，想有新的歷練。真的，謝謝經理和總經理……。」

經理最後搖搖頭：「好吧！年輕人，人各有志，我也不勉強你了。祝你一帆風順嘍！」結果這位經理並未達成總經理交代他說服羅主任不要跳槽的任務。

說服他人（或一群人）要依照你的意圖或接受你的建議去改變他人的想法、態度和行為，的確不是一件容易的事。即使費盡口舌後，還往往徒勞無功。上述的三個例子，即可證明。

一鼓三寸不爛之舌，蘇秦說服六國

所謂說服，其意包含「勸說」、「規勸」、「告誡」、「激勵」以及「遊說」等。這種以口語傳播為主要工具的技巧，無論是工作上或生活中，我們經常會運用到。比如說：父母要規勸子女聽話、做好功課或改正不良習慣；老師勸導學生用功讀書、努力向上或遵守校規；主管激勵部屬拚業務、衝業績；業務員勸說客戶簽約或購買其產品；店員遊說顧客買商品；宗教人士告誡信徒在生活型態或言行必須合乎教規；朋友、同事之間，勸說不要沉迷、沉淪做不應該做的事；或是候選人以其形象、政見，來說服選民支持他等等。

能成功地說服他人，就是贏家。「鼓起三寸不爛之舌」讓他人心服口服或心甘情願地，去接受說服者的「意圖訊息」，必定有其成功的說服要訣、技巧。舉凡古今中外，此類「贏家」的範例，可謂不勝枚舉。

⊙古代案例——提到「三寸不爛之舌」，自然會想到春秋戰國時代的蘇秦，蘇秦是東周洛陽人，年輕時就到齊國「留學」，拜當時赫赫有名的縱橫家鬼谷子為師，學到一套能言善辯的遊說口才。後又苦讀姜太公所著的《陰符》一書，而且是「頭懸樑，錐刺股」的埋頭鑽研整整一年，讓他在說服方面的功力大增。

接著蘇秦就以「合縱」抗秦的策略，開始遊說列國。先從北方的燕國開始，再到趙國→韓國→魏國→齊國，最後到楚國。結果六國均簽下「合縱協約」，並光榮的身佩六國的相印。

蘇秦能夠一國接一國的說服成功，就是他以「三寸不爛之舌」，掌握了「八字」——心悅誠服，合情合理。

‧心悅——就是先講出說服對象的優點，讓對方先開心。

‧誠服——分析戰國群雄的局勢，並獻出良策，使對象聽得心服口服。

‧合情——指出對象所擔憂、恐懼之處，使對方產生憂患、惶恐的情緒。

‧合理——提出讓遊說對象能消除憂患、惶恐的上好對策、步驟和方式，而且覺得很有道理。

從蘇秦遊說趙王的整個過程中，即可看出其如何展現「心悅誠服、合情合理」的說服功力了。

蘇秦拜見趙王（趙肅侯）：「臣聞天下賢士都景仰大王賢德……（心悅）。臣認為『保國莫如安民，安民莫如擇交』……（合理）。當今山東各國，以趙國最強……（心悅）。但趙國亦有外患，一是西方秦國，另一則是東面的齊國，而秦國對趙國的威脅最大……（合情）。臣曾周遊考察天下（心服），諸侯列國的總面積大秦五倍，兵力比秦多十倍。如果六國合成為一體，聯合起來協力抗秦，而秦必戰敗（合理）。否則假如秦來攻趙，其後果則不堪設想……（合情）。依臣愚見，大王應邀集列國將相，會商結為聯盟，並簽定合縱協約，共同抗拒秦國，如此方能保國安民，實為長久之計……（誠服）。」

趙王聽了蘇秦這一席話，可謂心服口服：「寡人年少，而且繼位不久，從未聽過如先生所言的保社稷長計。今能聽先生宏詞高論，實令寡人茅塞頓開，佩服之至……。」

於是趙王賜給蘇秦相印、黃金千兩、白璧百雙、車百輛、錦緞千匹。並拜他為「縱約長」，託命他去其他列國遊說諸侯加入聯盟。

蘇秦受賜銜命到其餘列國遊說，均以說服趙王的模式，針對其他五國一一遊說成功，都簽下「合縱協約」，而且還身佩六國相印。

誘導聽者，一步步進入你的「佈局」

⊙現代案例——電視購物頻道很賺錢，原因何在？到底是什麼因素能讓諸多的觀眾，不停地播電話下單購物？電視購物賣車，為何一晚就可以抵過銷售車經銷商一個月的業績量？電視購物頻道主持人利菁，曾經在一個半小時內，賣掉三百多顆一克拉鑽石；也曾經在九十分鐘之內，賣掉了九十九輛RV車。其原因主要是靠這些購物節目主持人「三寸不爛之舌」，施展其說服力，讓許多觀眾不由自主地撥起電話下單購物。

有一回我應邀參加秦偉主持的電視節目當講評員。這個節目請了三位都是電視購物頻道的主持人，其中一位是利菁，其他兩位是一男一女。他們三位在節目中，各自介紹一種要銷售的產品（如小羊皮女性外套、咖啡壺等），希望能說服觀眾下單購買。

我的工作就是聽完他們三位的「現身表演」後，給他們打分數，並一一做講評，結果我給利菁的分數最高。她的優點是：

1. 形象專業又非常有親和力。
2. 說服力很強，會讓人十分相信她所介紹的產品（小羊皮女性外套）。也認為她的保證可靠，比如，產品的品質佳，如不滿意可以退貨等。
3. 特別強調物超所值，尤其打折後的價錢，令人覺得不買就失去良機，十分可惜。
4. 她把不同款式的皮衣外套，分別穿在身上，像模特兒走台般呈現在眼前，同時一件一件道出其特色和質感。可謂「身教」、「言教」雙「教」齊下。

由上述的「古今」兩則案例中，無論是蘇秦能讓六國簽約，或是利菁能使電視前的聽眾下單購物，其說服的共同點就是循循善誘。

所謂循循善誘，則是在說服的整個過程中，能誘導對方一步一步地進入你所設的「佈局」裡。而這種「佈局」的特色，就是讓對方一直不斷的說「是」（Yes）、應「對」（Right）、或一直點頭「嗯！嗯！有道理。」這在說服傳播學中，稱之為「認同策略」（Identification Strategies）。也就是想辦法使對方落進「是」（Yes）的思維框架中，自然就認同你所說的話。

唐宋八大家之一的韓愈曾說：「諫不足聽者，辭不足感心也！」其意即指你的規勸或建言，別人聽不進去，言辭又無法打動別人。換句話說，就是你的規勸或建言，沒辦法讓對方接受、認同。這就等於說服失敗，因為從頭到尾，你都沒能令對方進入「說是」的說服「佈局」中。

避免陳腔濫調，老套不足吸引人

因此，為了能讓對方進入你所設的說服「佈局」裡，再漸進誘導對方能認同你的說服內容。極其重要的是，一開頭就不能令對方起反感厭煩、反彈或難以認同。如果一開頭就引起對方有上述的負面反應，那你處心積慮所規劃的說服「佈局」就要破了大半局，所謂循循善誘，就變為循循「難」誘了。

⊙一位爸爸在訓誨讀高一的兒子：「你給我聽好！當年我讀高中的時候，你知道有多麼的刻苦耐勞嗎？你去問問阿嬤就知道了……。」

講到一半時，他兒子就插嘴：「爸！你那些小時候多麼甘苦的故事，我聽得都會背了，你講不膩嗎？我可聽得很煩耶！」

⊙某壽險公司的一位副理，在晨間會報時，對著十幾個跑業務的部屬：「想當年我在公司和你們一樣在跑客戶、拚業績的時候，每天早出晚歸的去拚業績，跑得腳軟口乾。俗話說『勤能補拙』，我看你們每一位都不拙，只是不夠勤。現在我們壽險業同行之間競爭那麼激烈，如果各位不勤跑客戶，力拚業績，我們公司就拚不過別家，我們就會被趕過，甚至還會被淘汰……」。結果台下聽講的業務員，有好幾個在打瞌睡，另外幾個都低著頭在滑手機，幾位有在聽的業務員，卻交頭接耳的低聲說：「我們副理能不能換換詞，每次講的都是老套耶！」

⊙一位修道頗深的老和尚，面對一群監獄的重刑犯諄諄告誡規勸：「各位施主，阿彌陀佛！放下屠刀立地成佛也……」一名重刑犯聽後就對鄰座的夥伴小聲說：「阿雄！你聽到沒？又在講那些猶話，什麼『放下屠刀立地成佛』，×！你忘記了？當年我們在山裡那棟小木屋被一百多個警察圍捕時，就是因為『放下屠刀』才被關到這裡，啊也沒有成佛！」。

阿雄就回道：「×！他還講什麼『回頭是岸』，我每天回頭都是鐵窗，哪裡有岸啊?!」。

從旗開得勝、引人入勝，到結局獲勝

從上述三個例子中，可以看出三位不同的說服者（爸爸、副理和老和尚一開始說服對方的要點，無論是「刻苦耐勞」、「勤能補拙」、「放下屠刀立地成佛」或「回頭是岸」，都是有其道理的「至理名言」，但是說服者如果將其表達成「陳腔濫調」的話，那就如韓愈所言「諫不足聽」了，接著其他的言論內容，又無法打動或吸引對方，那就是「辭不足感心也」！

因此，想要說服對方，並令其心服口服地接受你的說服內容，首要之務就是要做好了解對方的功課（所謂「知彼」也），包括對方的價值觀、消費觀、想法、特性、習性、興趣、嗜好、教育程度、經濟能力或心理等等。比如說七年級生以後的E世代、Y世代等，他們的特性之一，就是「反傳統、反權威」。如果你開口「四維、八德」，閉口就「尊師重道」或「敬老尊賢」等，他們當然聽不進了，甚至造成他們的厭煩感。

譬如一位業務員或銷售員，想要說服客戶或消費者能購買他們的產品。如果能做好上述的功課，尤其是熟諳消費的心理特性（包括權益和感受被尊重、物超所值、愛貪小便宜以及喜歡聽好聽的話等）。就可以展開循循善誘的說服「佈局」：從「旗開得勝」→「引人入勝」→「結局獲勝」。

⊙開始以親切、誠懇的態度，讚美幾句對方的優點→很清晰扼要並添點趣味的方式介紹產品→舉些形象佳的知名人士也愛用其產品，或講些使用過其產品的客戶或消費者，對其產品讚不絕口的小故事等→強調現在購買是最佳時機，因為難得有特價或打折，千萬別錯失良機等語→再以很肯定懇切的語調：「請相信我！您一試，就會喜歡的（Try it. You'll like it.）」，並俏皮笑著說：「到時您一定要『吃好要鬥相報哦！』（台語，意指認為好的話，就要告訴其他人）」。

上台演講，是一種公眾表達（本書的最後章節會有專述），也是一種面對一群人的說服傳播，而演講者的演講內容，就等於是一個「知識產品」，在講台上透過麥克風，把這個產品「銷」給在場的聽眾。一場能讓聽眾心悅誠服、如沐春風的精采演講，就表示其「產品」的「銷」果奇佳。而這位演講者，就是能掌握「循循善誘的說服訣竅」。

⊙我在文化大學三十五年的教書生涯中，在國內外（包括中國大陸北中南各地以及東南亞諸國）的演講場次，已經上萬場了，而演講對象可說包羅萬「象」（各行各業、各級政府機構『從中央到地方鄉鎮』、各級學校『由小學國高中到大學』、各類社團、島內外的每所監獄，甚至殯葬業。當然我不敢自詡為「名演說家」，但也足夠資格自稱為「經驗豐富的資深演講者」。

穿插生動故事，鋪陳說服佈局

我演講的風格是「談笑風生」、「趣味盎然」。特色則是談笑間，穿插許多生動的故事（實例），來印證我所闡述的理念和「不可動搖的道理」。而演講模式，就是循循善誘的「說故事行銷法」，從頭到尾讓聽眾一直落在我的說服「佈局」中。在此我就「現身說法」，舉一場我最近在台北市的演講案例，以供讀者參考。

時間：周五晚上七點至九點。

地點：台北市東門國小的視聽教室。

講題：「親子情，幽默心」。

聽眾：台北市東門國小近兩百位的學生家長以及五位在校的中高年級學生。

「各位東門國小的家長和幾位小朋友們，大家晚安！各位能在周末晚上還冒著風雨，這麼踴躍地出席來聽我的演講，這種難得的學習精神，真是可喜可賀。請各位用雙手先給自己來些掌聲獎勵，好嗎？」（這是讓聽眾「心悅」一下的開場白）。

（緊接著就開始循循地誘導聽眾引進我的說服「佈局」）

「沒想到在這場專對父母演講的親子講座中，竟然還坐了五位小聽眾，應該是『陪聽』的吧？！」接著我就走到接近第二排的一位小男生前面：「這位同學，請問你讀東門國小幾年級？」

他就四指手指一比：「四年級。」

我笑一笑：「請問你叫什麼名字？」

結果他沒回答我，還朝著旁座的母親看。我又笑道：「很好！不要回答陌生人問你的姓名、住址或電話，是很對的，很有警覺性。」（全場一陣笑聲），我就笑著問他媽媽：「這位媽媽，妳平常怎麼叫妳的小孩？」

媽媽笑答：「我都叫他Danny。」

「Danny！很好，我有一位大學時代的老朋友也叫Danny。Danny，我現在要問你兩個問題，第一題，今晚我演講的題目是『親子情，幽默心』，這六個字你都認得吧?!」他就點了點頭。

「那其中的幽默二字，你能不能解釋一下幽默的意思？」

他笑道：「幽默的意思是很好笑，很有趣。」

我立即提高嗓門：「答對了！一百分！請在座各位給Danny掌聲鼓勵！」

一陣熱烈掌聲後，我又問：「你既然了解幽默的意思，第二題，請不要看你媽媽，直接回答我。請問在你心目中你爸媽幽不幽默。」

他就指著旁座的媽媽：「媽媽幽默，爸爸不幽默。」

「各位！我們也給Danny的媽媽掌聲鼓勵吧！」

幽默風趣，家庭和樂

接著我就引述美國一項「家庭親子互動關係」的研究調查——幽默感是全家和樂相處，有說有笑的主力，來闡釋幽默、風趣在家庭文化中的重要性。然後再以講些小朋友在校上國語課堂上的造句趣事，並穿插許多我的子女從小到大，跟他倆互動的趣聞實例，來印證我那些「如何做好雙贏的親子關係」中的理念和主張。

足足兩個小時的演講，我是一氣呵成。從全場沒有間斷過的陣陣笑聲，以及全都是聚精會神的聆聽表情中，我知道，我又完成一場自己都相當滿意的演說（哈！絕非所謂「自我感覺良好」，當晚有擠滿整個視聽教室的近兩百位聽眾，可以當證人）。

既然講題是「親子情，幽默心」，這場演講的結語，我就再「幽一默」來做個——Ending。

「各位家長、小朋友，今晚演講的時間是七點到九點，而現在已經九點了，因為東門國小付我的演講費，只夠講到九點……。就好比各位搭乘高鐵一樣，你們買的票只到台中，所以就不能坐到台南或高雄，現在就是台中站，只好請各位下車了。」又是一大陣熱烈的掌聲。以我多年演講的經驗，當時我非常確信，東門國小日後還一定會再請我去演講。

第十一章。

演講與公眾表達技巧

許多深度不足的演說家，都以長度表達。

——孟德斯鳩

有時在一些場合，常會身不由己或毫無選擇地必須面對一群公眾，做一場正式或非正式的演說，想要迴避、推托或「落跑」都很難，其成敗與技巧的重要性，毫不亞於人際之間的「溝通技巧」；演講已成為現代人應有的公眾表達能力。

演講（講演或演說）是指一個人當面對著一群聽眾，表達意見、訊息的口語傳播行為。可說是一種公眾表達的說話技巧。

中華民族幾千年以來，出現諸多善寫詩詞、文章的作家，或是擅長寫各種字體的書法家，卻極少有所謂的演說家。這當然跟傳統文化、政治背景或社會價值觀相關。譬如以前注重「為政不在多言」、排斥「巧言令色」或講求「言多必失」等。因此，在這種「少言」的傳統文化背景之下，要面臨一群大眾高談闊論、侃侃而談、公眾表達的演說機會自然就少了。而勉強跟面對一群聽眾，能口若懸河、滔滔不絕、公眾表達的有關場合和技巧，應該就是在明朝、清朝年代民間流行的一項民俗口藝活動——說書。

說書與演說頗有一些類似之處：

一、都是由一人面對一群聽眾在約定的時間內（一兩個鐘頭左右），做一場口語表述。

二、均有主題、開場白、主體及結論。

三、均注重口語表達的技巧。比如聲調的抑揚頓挫、快慢節奏、聲色表情以及肢體語言等。

而說書與演講主要的不同之處，是前者是種休閒、娛樂的民俗藝術，後者則為現代資訊傳遞或意見表達的知識性成長活動。

以演說文化而言，在傳統幾千年的中華文化中，是屬於比較欠缺的一塊領域，如果比起西方文化，我們的演說文化至少晚了兩千年。遠在西元前的希臘、羅馬時代，從殿堂上君主、議員的演說，到街頭巷尾的民間人士演講，已蔚然成風，而有關演說理論的著作，從希臘的賢哲亞里斯多德的口語傳播及演說辯論，到後期歐、美等國的口語傳播學者諸多有關演說的論述、書籍，可謂琳瑯滿目。反觀我們中華民族則在清末、民初，演說的活動才萌芽，才開始翻譯有關演講或口語傳播的書籍，到五四運動之後，演講的活動、風氣，漸漸由大學、政、黨、軍界以各類社團機構盛行，進而才注重演說與公眾表達的技巧。因此，在整體中華文化中，演說這門學問可說是「晚發育」的一環。

第一節　演說與公眾表達，已非特定人物的專利

幾乎人人都有機會或必要走到台上，面對一群人進行一場演講或非正式的演說。

從小在我們的既定印象或傳統觀念中，上台發表演講，應該是那些參加各級學校的「演講比賽」者的事情，不然就是政府、機關團體省長、學校校長或民意代表的「專利」。然而，隨著時代與社會的變遷，民主政治的進步、工商競爭的劇烈，各類社團的產生以及社交活動的頻繁，幾乎人人都有機會或必要走到台上，面對一群人進行一場演講或非正式的演說，後者包括：

- 學生的報告作業，有時要上台面對全班做一場「口頭報告」。
- 公司開會時，要在主管或同仁們面前，做一份工作計畫的簡報，或者發表一項在外出席會議的心得報告。

‧業務員經常要在一群客戶面前解說產品的特性和優點；或在一項促銷活動中，對一波又一波的消費者做一場接一場的產品說明會。
‧個人參加社團、社交活動，或者代表公司、機關出席會議、座談等，常常要做一場簡短的自我介紹或感言。
‧參加親朋好友、同學、同仁等的婚喪喜慶時，應邀上台致賀詞或悼言。
‧到子女的學校參加懇親座談會，或是在社區中的住戶代表會議，要當眾發言自己的意見。

在上述這些非正式的演說場合，想要迴避、推托或「落跑」都很難，甚至身不由己或毫無選擇地必須面對一群公眾，做一場正式或非正式的演說。而任何一場公眾表達的演說，其效果（公眾的反應）的成敗或良窳，均關係到演說者的利益（包括成績、業績、權益、成就、人際關係、個人及公司機構的形象等等）。因此，無論是正式或非正式的演說，其成敗與技巧的重要性，毫不亞於人際之間的「溝通技巧」；演講已成為現代人應有的公眾表達能力。

◎先排除演講的心理障礙與焦慮

多年來，我經常被人問（包括認識不相識的人）一些類似的問題：

「我私下跟朋友、同事聊天時，都能談笑風生；或者在幾個人面前發表我對一些事物的看法或意見時，也能侃侃而談。為什麼踏上講台，對一群聽眾演講或發表一些意見、心得或感受，就渾身不對勁，甚至不知所云……。」

綜合他們「渾身不對勁」之處，包括：腦海一片空白、口舌打結、聲音顫抖、手足無措或發抖、肢體和表情僵硬、眼睛不敢直視台下聽眾，「嗯、呃、這個、然後……」贅字很多等等。

為什麼上台演講會出現這麼多的「不對勁」？主要是因為情緒緊張、害怕、恐慌和焦慮所造成的。在私下的場合說話或發表意見，大多是跟比較熟悉的人做互動，比較不會產生上述的情緒。但是演講時的場面和氣氛就不同了，是一個人站在台上，面對著幾十、幾百，甚至上千名陌生人說話，而且要限定主題，在限定時間等情況之下表達演說的內容，自然就容易令人「渾身不對勁」。

任何成功或知名的演說家，其實在他們尚未成名以前，都曾經被這些上台會緊張、恐懼、焦慮等「不對勁」的演說障礙所困擾過。然而他們均能克服、排除這些心理障礙，最後都能成為優秀、卓越的演說者。

充分準備或有備而來，可說是排除演講時「渾身不對勁」或克服恐慌、緊張、焦慮等障礙唯一也是最佳的方法。準備的項目，包括演講題目、蒐集資料、擬定演講稿以及演練，尤其是演練，甚至反覆的練習，是演講成敗的一大關鍵。特別是第一次上台演講者，更要一而再、再而三的演練，才比較容易克服種種心理障礙、不安、恐懼等。演練時，最好找個空曠地方，大聲地練習，對著鏡子練習肢體語言，並練習時間長短的掌握。

我女兒就讀台北市立人國小三年級時，有次放學回家就大叫：「爸，怎麼辦？我要參加學校的演講比賽，怎麼辦啊?!」

我笑了笑：「真的？」

「對啊！老師今天指定我和班上另一個女生，代表班上參加演講比賽。哪，這是演講題目。」女兒把寫著講題的一張小紙條遞給我，接著又說：「老師說演講稿要爸爸寫，時間是三分鐘，演講稿不能超過七百字噢！爸，你常在外面演講，一定要教我噢！」

我又笑笑：「沒問題。」

◎認真的苦練和充分的準備

當晚我就很用心幫女兒寫了一篇七百字的演講稿，就交給女兒：「小蓁，這是演講稿，妳能不能花三個晚上的時間把它背起來，而且要背誦的滾瓜爛熟。」

女兒拿了演講稿回道：「三個晚上嗎？應該可以把它背熟。」

三天後，小蓁果然把它那七百字的演講稿背的滾瓜爛熟：「爸，這樣就可以參加演講比賽嗎？」

「哈！這只不過是演講比賽的最基本動作而已。明天星期六晚上八點，請奶奶、阿嬤、媽媽、姑姑、哥哥、表哥、三個堂哥以及表弟妹，全部到小公園集合，聽妳演講。把長輩當成比賽時的師長、評審老師，而平輩的就把他們當做其他參賽者，懂嗎？」

第二天晚上，十幾位「家族」都集合在小公園，女兒小蓁就站在台階上「開講」，我就站在旁邊計時。總共練習了三遍，當然也引起許多居民及路人的好奇，甚至還駐足觀看。這種「現場」的演練，除了消除女兒上台後的焦慮、恐懼感之外，同時也訓練她的台風、肢體語言以及時間的掌握。

第二天，就每晚利用一個小時的時間，單獨跟我女兒，有時在家裡，有時帶她到小公園，訓練她演講時的抑揚頓挫、聲音表情、肢體語言等，一次一次的糾正，一次又一次的練習，直到我滿意為止。結果她驚聲初啼，一鳴驚人，生平第一次參加演講比賽，就得第一名。

一個毫無演講經驗的小學三年級小女孩，能在第一次參賽就得冠軍，主要就是靠苦練而來（當然我那篇演講稿寫得也不錯）。旗開得勝，讓女兒信心倍增，所以她從小學三年級後，無論是國中、高中到大學，每年參加國語演講比賽都是第一名。此外，從小學到國中、高中或大學的畢業典禮中，不管是在校生送畢業生賀詞或代表畢業生致謝詞，女兒均為不二人選。她之所以能從小學到大學，在演講或公眾表達這塊領域中，有如此優秀的成績和卓越的表現，除了我用心的指導她、磨練她之外，還是靠她認真的苦練和充分的準備。

第二節　如何準備一場成功精采的演講

從講題擬定、聽眾認知分析、講稿內容資料蒐集、擬定綱要，到表達技巧的演練，每項都需下足功課。

任何一場能博得滿堂喝采的表演（包括舞蹈、音樂、戲劇、特技、各類才藝等等），都是經過相當的準備和下過甚深的苦功所換得的，俗云：「台上五分鐘，台下十年功」。演講，就是一種公眾口語表達、表現的「表演」，在講台上（或眾人面前），能夠展現一場令聽眾心悅誠服、如沐春風、獲益良多或掌聲四起的演講，當然也要投入相當的心血、時間，去做準備和演練。

◎講題的擬定與包裝

無論是演講或公眾表達，一定有其預定的內容，依其主要內容（所謂主題）再訂一個講題。就像一篇文章的題目或一本著作的書名一樣，其功能無非是讓閱聽人事先心理上先有個譜，大致了解所講或所寫是屬於哪方面的領域和內容。

演講題目的擬定，通常是針對演講的內容，以提綱契領並很精準的方式，訂出一個題目，以便聽眾能一目了然很清楚知道你要講的是什麼方面的內容。比如：「如何因應國際金融風暴」、「海峽兩岸情勢分析」、「經濟與生活」、「傳播與公關」、「時間管理」、「情緒（EQ）與壓力管理」、「樂在工作與自我激勵」、「人際關係與溝通技巧」、「說話藝術與表達技巧」、「中國古建築欣賞」、「文學之美」或「談養生之道」等等。這些講題，都是演講內容的主題，最直接並一針見血的擬定出演講題目，所以這種題目的擬定方式和型態，也比較屬於傳統的、中規中矩的演講題目。

隨著行銷時代的來臨，為了吸引聽眾的興趣，為了達到行銷傳播的目標，演講題目也漸漸有所變化。由傳統平舖直敘比較制式的講題，加以包裝、修飾，而成為比較生動、活潑、輕鬆或俏皮的題目。

例如：「天天星期天——如何培養良好的情緒」、「命好不如習慣好——談生涯規劃與習慣領域」、「生命之河——談血液」、「無怨無悔過一生——談婚姻、家庭與事業」、「用一點心生活更有味」、「談笑風生幽默心」、「顧客情、服務心」或「打開生命的彩頁」等等。

這種經過包裝的講題，一方面可軟化、美化那種「硬梆梆」的講題；另一方面則可引起聽眾的好奇，進而增進想聽其演講內容的興趣，並增強演講前傳播行銷的功效。

多年前，我接到一通應邀演講的電話。

「方教授嗎？我是逢甲大學的學務長某某某。這學期本校的專題演講人選，經過學生從國內十大名講師中票選，結果您以最高票當選我們要邀請的講師，您實在太有魅力了，不知本校有沒有榮幸邀請您來演講？」

「不敢當！能被貴校學生選中到貴校做專題講演，是我的榮幸。不知道要講哪方面的主題？」

「噢！學生們都希望方教授能講有關兩性關係方面的主題，如果可以的話，麻煩您先訂個演講題目好嗎？」

我就毫不加思索的回道：「兩性關係既複雜、變化又多端，既不理性又往往令人難以理解。那就訂『莫名其妙的兩性關係』吧！」

「對！對！方教授講得沒錯，兩性關係有時實在令人莫名其妙，所以請教授訂個講題吧?!」

「哈！我剛剛已經告訴您了，這個兩性關係的演講題目就是『莫名其妙的兩性關係』啊！」

◎題目最好能引起好奇與興趣

「噢！有意思，真是很有意思。這個『莫名其妙的兩性關係』題目訂得太好了……謝謝了！」

試想，不管是愛情或談戀愛，都是跟著感覺走（所謂的「Fu」），一些言行舉止就十分不理性了。一下子患得、一下子又患失；這一刻你覺得擁有全世界，下一刻你卻感到一無所有；愛又愛得不惜犧牲一切，恨又恨得不計代價去毀掉對方，這到底是怎麼回事？真是莫名其妙。因此每次我被邀請演講，只要講有關兩性關係主題時，我就用「莫名其妙的兩性關係」為演講題目，結果都相當能引起大家的好奇和興趣。

我的女兒小蓁在就讀台北市中山國中國三時，有次放學回家說他們的校長請託她，來邀請我去給他們全校師生做周會的專題講演。我當場就告訴我女兒要她第二天到校轉告校長，說我不但欣然接受應邀演講，而且不接收演講費做純義務演講。次日，校長除了來電致謝之外，並要訓導主任問我講題是什麼？我就告訴訓導主任題目是「只要我喜歡，有什麼不可以？」那位訓導主任聽到這個「另類」的講題後，當場楞了一下，然後馬上說好、好非常好。

因為國中（或高中）全校週會演講，通常多是請些教育官員、學者等來演講，講題或內容往往也比較偏向「四維八德」、「倫理規範」、「勤學勵志」等類。學生們看到這些「正經八百」、「四平八穩」的講題，就會認為演講內容一定又是枯燥乏味的陳腔濫調，當然就興趣缺缺了。

「只要我喜歡，有什麼不可以？」是句電視廣告詞，後變成一句流行語。當時年輕人不但常把這句話掛在嘴邊，最糟糕的是，還用這句話為自己一些離經背道、叛逆言行，甚至違規觸法的行為當做「藉口」或「支撐點」。因此，這句「只要我喜歡，有什麼不可以？」對心智未成熟的一般青少年，確實產生了許多錯誤解讀和誤導的負面作用。

我以「只要我喜歡，有什麼不可以？」為講題，給全校國中生做專題演講，一方面是先吸引學生的好奇和注意，或清除他們那種「未聽先排斥」的叛逆心理；另一方面我的演講內容，就是以輕鬆、幽默和生動的生活小故事，來導正這句「只要我喜歡，有什麼不可以？」所引發出的一些錯誤觀念，讓聽講的全校學生能建立個正確的思想、言行和價值觀。

結果這場演講，可說給足了我女兒面子，1. 達成她的校長所託（請我去學校演講）；2. 不收學校的演講費（當做公益演講）；3. 演講結束，引起全校師生熱烈、正面迴響。

◎聽眾的認知、分析與研究

一個商品在做廣告行銷前，一定要做市場調查、消費者分析等工作，才能擬定廣告行銷策略和訴求方式、表現等，來創出商品銷售的最佳成績。演講或公眾表達也是一樣，在開口講前，必須要針對聽眾做充分的瞭解、分析和研究後，再擬定出演講的策略、內容的調整、表達的方式、開場白的選擇以及演講題目的包裝等。才能夠提高聽眾對你這場演講的興趣、肯定以及熱烈的回應。

就以前述我到我女兒就讀的國中周會演講為例，在那場演講之前，就花了不少時間去分析、研究國中生（除了平時跟女兒的互動、瞭解之外）的思想、價值觀、特性、感受和流行文化等等。比如：

他們自我意識、自主性強；愛表現（炫、夯）、敢表現（耍酷）；反權威、服從性低、質疑性高；喜歡跟著自己感覺（Fu）走。

自己當義工、做善事是「回饋社會」，別人做志工、行善捐錢、他們則認為「動機不明」；一分耕耘，一定要有一分收穫。能以一分力達到目的，絕不會笨到花兩分力去做；盡「義務」之前，先搞清楚「權利」。

根據一項全省國中生的調查，他們覺得每天活在「唸書、被唸」四個字中（到學校要唸書，回家後還要唸書；在學校被老師唸，在家裡也要被父母「碎碎唸」）。他們希望老師和父母們，不要老是用「想當年」的方式來教導、管教他們。「逆來」就是「不爽」，為什麼要「順受」？

有了這些的資料研究的認知，因此我才會從講題的包裝和內容的表達方式，做些適當的調整。

至於演講前應該針對聽眾做哪些資情的認知？

一、志願型或非志願型的：聽眾因仰慕、崇拜演講者大名、風采而來聽講演，或者對演講主題內容的領域很感興趣的聽眾，這些聽眾即為志願型的聽眾。許多公家機關如「社教館」、「文化局」、「圖書館」或「美術館」等所舉辦的系列講座，或者民營企業、公司行號對外舉辦的演講，而前往聽的聽眾多屬於志願型的。

無論是免費聽的講座，或要花錢購買門票的演講和繳費的課程，這些志願前來聽講或上課的聽眾，大多是對講者或其內容，懷著期待頗高的心情來聽講，他們當然都希望能聽到一場精闢叫好的演講或受益良多的課程。因此，面對志願型的聽眾演講之前，一定要有個心理準備——千萬不能讓他們失望。所以要全力以赴，十分賣力「演出」。

幾年前，有次我被應邀到上海演講，那次演講活動的名稱是「超級巨星演講會」。這些「巨星」共有六位，大多是台灣的資深知名講師（不好意思，我也是其中一名）。該演講會共有六場，分別在周六、日兩天舉辦，而且是售門票的演講活動，一張門票（聽兩天的）是一千元人民幣（對「大陸同胞」而言，是「挺貴的」。按：「挺」字是大陸人士的口頭禪）。不知是這次演講活動的促銷、廣告成功？或是台灣這幾位「巨星」有超級魅力（哈！外來的和尚比較會唸經吧?!）總之，那次演講會的門票賣得「挺好的」（一千兩百多個座位的門票全部銷售光光）。

這一千兩百多位，來自中國大陸各省各地的大陸各種行業職場人士，而且還捨得花一千元人民幣來聽演講，當然是典型的志願型聽眾。他們願意不惜掏腰包、花時間（有的是來自東北、西北、華北及廣東等地）來報名聽兩天的演講會，其原因有二：1. 慕「名」而來。雖然他們大多沒聽過我們這幾位講師的「大名」，但是他們從演講會廣告文宣中對我們的介紹，知道我們這些講師都在台灣是「名師」；2. 望「題」而來。從我們演講的題目（如「成功銷售術」、「百萬超級行銷高手」、「人際吸引力」等等）和主題、內容大綱、簡介，吸引了他們前來聽講。

◎面對非志願型聽眾需以奇制勝

因此，我們這幾位「巨星」（主辦單位製作海報的用詞）在演講會前，彼此均有個共識，就是——不能有負這一千兩百多位聽眾的「眾望」，一定要渾身解數、超級賣力演出。至於兩天的演講會成果如何？我就不必太費筆墨，在這裡「老王賣瓜、自賣自誇」了，簡而言之，那種熱烈激情的掌聲和喝采聲，是我二十幾年的教書、演講生涯中僅見的。

所謂非志願型的聽眾，是指依其機構、團體的規定，必須要出席去聽該場的演講或所排的課程。例如：公家機構所舉辦的「動員月會」、「專題講座」、「進修課程」或各級學校的「周會」、「專題演講」以及必修課程等。這些員工同仁、學生們都是依規定必須去聽講或上課，他們大多數就是屬於非志願型的聽眾。他們去聽講的心理、心情，大部分覺得「無奈」、「無聊」和「無趣」，因為根據他們的以往經驗，覺得這些演講或課程「很乏味、枯燥」、「很老套」、「不好聽」，不然就是覺得主講者和主題內容都不是他們愛聽的「菜」，引不起他們聽講的興趣。

面臨這些非志願型的聽眾演講時，是一種十分傷腦筋的挑戰。因為你還沒上台開講，他們大多數的反應已經「不愛聽」、「否定你」、「不把你的演講當一回事」，所以有些口語傳播學者，把此類型的聽眾稱之為「不友善的聽眾」。這類的聽眾群包括各級學校的學生（尤其是在聽周會的專題演講時）、各機關的例行「月會」、「教育訓練」、「講習課程」等。

當你面對這群「不友善」或大多數「不太聽」的聽眾時，除了瞭解他們的心態之外，必須要改變你的演講、授課策略。通常都是採取「以奇制勝」的策略，也就是從演講題目、開場白或講授內容、方式等，做一些能夠吸引聽眾的調整。

這種「以奇制勝」的演講策略，除了演講題目要用心包裝之外，首先就要想法子在演講一開始的開場白，即能引起全場這些「不友善」、「沒興趣聽」所謂非志願型聽眾的「注意」、「好奇」和「興趣」。接著再以比較生動、風趣、循循善誘的方式，講出精彩的內容和結論。

二、聽眾人數的多寡：我個人在演講或授課前，相當在意聽眾的人數，所以我一定會問主辦單位確實要來聽講的大約人數。因為面對聽眾人數的多寡，非但會影響到演講者的心理、情緒，同時在演講時的聲調、音量、速度等都要隨著人數的多寡而做調整。

以演講而言，我比較喜歡聽講的人數，是二百至二千人之間；就上課來說，理想聽講的學員則是八十至二百人中間。因為上述的人數，無論是在禮堂、演講廳或教室，通常都是坐滿的，令講者覺得很有人氣，心理上有成就感，演講時也比較有power、有Fu。

當然了，聽講人數的多寡，也不是演講者所能掌控的。比如說各地扶輪社的演講，平均出席人數是二十到三十人左右，的確是人氣欠旺，但這也不能怪他們，因為他們的全體社員的人數只有那麼多，因此演講者心理上就要有所準備。有時也會碰到人氣「超」旺（超過演講者的期望）聽講人數，比如說大專院校超過二、四千人的演講（全校周會、新生訓練或畢業典禮等）。面對這種聽眾「超多」的演講，是演講者最大的挑戰和惡夢。1. 人數過多，難以全場掌控；2. 這些「超多」的聽眾，大多數是屬於非志願型的聽眾；3. 演題因為要配合活動性質，所以演講題目或內容多為勵志、期勉之類偏向「傳統、八股」型的，較引不起聽眾的興趣，如果演講者沒有這些認知，演講時的場面和反應，往往「慘不忍睹」。例如有一天我在聯合報（二〇〇九年九月十四日）三版，看到頭條標題——「台大校長勉早起，台下新生睡翻」。後看了新聞內容，才知首原來是台大舉辦新生入學典禮，校長在台上致詞演說時，特別提醒上千名的新生不要熬夜上網，要早睡早起，結果台下聽講的同學仍睡得東倒西歪（該版中間就是一張一堆學生都睡著的大照片）。

因此，主講者在面臨如此眾多又是非自願來聽的聽眾時，在演講前就要對聽眾的心態有所認知，演講時全力展現口語表達的魅力和power，來掌控、吸引全場，才能做好一場成功又精采的演說。

三、場合、性質：我們在日常生活中，有時應邀參加一些應酬，無論是婚喪喜慶、年節或各類飯局等等，我們一定依其應酬的場合和性質，而有所準備。比如說服裝、衣著必須正式或可以著休閒些，要送多少禮金，要送什麼樣的禮物或可以空手赴約。

演講也是一樣，針對要去演講的場合、性質，在事先要做充分的瞭解，才能有適當的準備（包括心理和實質上的準備）。以場合而言，有些演講場合很正式，例如各類慶典、集會、公營或企業為社會大眾所舉辦的講座；也有些演講比較非正式，如酒會、餐會、說明會中的演說。就性質來說，有道賀型的致辭演說（像喜慶、壽宴、開幕等），有教育、進修型的（如一般系列講座、研習營、進修班等），也有較軟性、輕鬆型的。

以演講的場合、性質而論，最多類別就是教育、進修型的演講或授課，無論是學校（各級學校）、政府機構、各種企業公司行號、各類社團等等，所舉辦的專題演講、系列講座或各種研習、進修營都是屬於此類型。其主辦單位辦這種講座、課程，主要目的就是教育聽眾、學員，期望能提升他們的專業或通識領域的素養，以增強這個組織、機構（指主辦單位）的競爭力。例如某企業為了加強其業務行銷能力，特別為言企業所有的業務員舉辦一個「業務行銷研習營」，邀請些市場行銷名師來講授系列的行銷課程（比如：「人脈就是金脈——如何拓展客戶」、「如何成為業務高手」等）。

遇到這種教育、成長型的演講，首要以「質」取勝。就是在演講內容方面要特別有料，以理論與實務並重、結結實實的授課內容，讓聽眾心服口服、令學員都能有獲益良多之感。但是在講授技巧方面，則不能過於沉重、枯燥或刻板，必須使扎實的教材生動、趣味些，才能增添演講的精采度。尤其是有些演講或系列講座，是公開對外招生，必須要繳學費來聽講，那就要把內容準備的更為結實、精采，才能讓這些「花錢」的學員，覺得「物」超所值。

◎長篇大論不討喜

我們都有參加婚禮、喝喜酒的經驗，同時，也都有在喜宴上「餓著等」的共同感受。其原因有二：1. 一般很少「準時」入席，因為人數太多（數百或上千人），時間較難掌控；2. 無論是主婚、證婚人或應邀致辭的貴賓，在台上接力賽式的「演說」時間過久（我聽過主婚、證婚及貴賓總共加起來「講」了一個小時），怎麼不叫人又急又餓呢?!參加喜宴，固然要「花錢」（送紅包），但主要目的是去賀喜盡禮數、吃頓佳餚或乘機跟些親朋好友、同事、同學等聚上敘敘，而不是要聽「演講」。因此，在這種場合、性質的台上「演說」務必要以「短」取勝，簡潔的祝福、輕鬆、誠摯的表達，以不超過十分鐘最佳。千萬別在台上握著麥克風不放，給新郎、新娘和台下的來賓，上一堂「愛的真諦」、「如何經營美滿的婚姻」等兩性關係的課程。你要知道，你在台上滔滔不絕的長篇大論時，台下有多少來賓會「專心」、「耐心」的聽呢？大家都很餓了！

對聽眾的認知、分析與研究，除了上述的三大點：1. 志願和非志願型；2. 聽眾的人數；3. 聽眾參與的場合和性質之外，有關聽眾的年齡層（平均年齡、年齡分布）、性別、教育程度、政治立場偏向、省籍、宗教信仰或聽眾聽演講的經驗多寡等等，均要做相當的瞭解、研究，才能有助於演講前策略的擬定、心理和實質內容的準備，或進行演說時，臨場的反應、調適以及全場的掌握。所謂「知己知彼、百戰百勝」也。

◎演講內容（稿）資料的蒐集

當決定好一個演講的主題，首先就要依據這個題目去蒐集與主題相關的資料，資料愈豐富，演講的內容比較容易精采、吸引人。

俗云：「巧婦難為無米之炊」。手藝再好的廚師，也必須根據擬好的菜單，去菜市場挑選菜色和配料，才能展現身手做出一道一道的佳餚美食。「菜單」等於演講的主題，菜市場的「菜色和配料」就是演講內容的相關資料。

演講資料蒐羅越完整、豐富，演講時的「精采度」就越高，「說服性」也越強。例如：近年來，許多企業（尤其是服務業）和公家機關（如稅徵、戶政、交通、電信等單位），愈來愈注重服務品質、顧客滿意或抱怨處理等課題。因此，常常邀請我去講授有關服務的課程，通常我都是以「樂在工作，更樂於服務」、「顧客情、服務心」或「如何做好一等一的服務」等題目去演講或授課。我一定花相當的時間去蒐集國內外有關服務品質、顧客心理、顧客抱怨、顧客滿意等等資訊，尤其是蒐羅很多針對服務業、顧客滿意和不滿意的調查、分析等資料。

比如，我在以「樂在工作，更樂於服務」為題演講時，一定會在「開場白」後，即刻講到：根據一項調查資料指出——世界上，凡是從事服務業能夠表現卓越成就、能夠成功的人士，他們都有一個共同點，就是他們都能以「服務和執著的精神，在工作中得到樂趣」，他們均覺得「服務就能快樂，工作就是樂趣」。以這種資訊自然就增強對台下聽眾的「說服力」，同時，我還「引經據典」的說：美國已故的文學家馬克吐溫曾說：「在工作中獲得的樂趣越大，其金錢的報酬也越高」。

在講授「顧客情、服務心」或「如何做好一等一的服務時，我就會提到在服務顧客之前，就必須先了解「顧客心理」。而根據國內諸多的顧客心理調查，主要「顧客心理」包括五大點：

1. 希望權益、感受能被尊重、關注；
2. 能夠「物超所值」；
3. 愛貪小便宜（打折、贈送物品或享些特權）；
4. 博感情、忠誠度高；
5. 「吃好鬥相報」（台語，意指「好事相傳」）。

但是，因為服務品質欠佳，而讓顧客不滿意或抱怨的調查資料或案例，當然也很重要。我就依照我蒐集的資料強調：根據TARD的調查資料顯示，如果顧客對服務不滿意，當場要求解決的佔百分之六；百分之三十一會回去跟親友或熟人講訴「服務如何不滿意」（其中百分之八只對一人講；百分之十四會跟一至二十人講，百分之九的會對二十以上的人說），而最可怕的是，百分之九十六的顧客，不會再上門了。接著我還會找些實際的案例，來闡述、詮釋「顧客心理」、「顧客至上」或「抱怨處理」的要義和狀況。

◎數據與「引經據典」的素材很重要

「數字會說話」、「事實勝於雄辯」，蒐集一些與演講主題相關的調查研究報告或案例，非但能讓演講內容更豐富，同時亦增強演說的說服力。例如，我以「兩性關係」為主題（「莫名其妙的兩性關係」、「相愛容易相處難」等題目）演講時，談到台灣的離婚率近二十年來節節攀升，我一定會把內政部的統計資料，扼要的講出來：民國七十年，每七・二七對有一對離婚；民國八十年，每四・四四對有一對離婚；民國九十年，則每二・五對有一對仳離；到了民國九十五年，又升為每二・二對有一對離婚。而離婚時期以零至五年的離婚率為最高，因此，俗語婚後「七年之癢」已經「過時」了，應該改為「五年之癢」。

除了調查、統計研究報告資料之外，所謂「引經據典」的素材也是演講前資料蒐集相當重要的一環。例如：就以「兩性關係」為題演講而言，講到兩性互動不可強求時，我就會強調應該「發乎情，止乎禮」，這個「禮」字就是一般的「禮俗」、「規範」或「法令」等。男女雙方（或單方）雖然彼此心儀、愛慕或具有強烈的好感，但有時囿限於彼此的「身分」（羅敷有夫、使君有婦或師生關係等等），或者「男有情，女無意」、「女有意而男不來電」等，就要謹記「發乎情，止乎禮」。如果硬是「強求」（只要我喜歡，有什麼不可以！）就會超越「禮」，而造成「出軌」、「亂倫」，甚至「性侵」等的後果。這時，我就喜歡引用詩人張籍的一首「節婦吟」詩詞：

君知妾有夫，贈妾雙明珠。感君纏綿意，繫在紅羅襦。
妾家高樓連苑起，良人執戟明光裡。
知君用心如明月，事夫誓擬同生死。
還君明珠雙淚垂，恨不相逢未嫁時。

以這首詩來提供聽眾在兩性互動中，「節制」自己「發乎情，止乎禮」的參考。

至於這些演講內容的相關資料，要去哪裡蒐集呢？

1. 圖書館、書局。
2. 上網（電腦網際網路）。
3. 學校、機關、社團所做的研究、調查報告。

◎擬定演講大綱與小綱目

無論是一篇演說稿、簡報或在眾人面前所做任何型式的口語報告，事先必須要擬好要講的大綱和小綱目，以便把上一章節文中所提蒐集的演講內容資料，填入這些綱要中，如此才能讓整篇演講「有骨有肉」。這就好比蓋房子一樣，房屋的結構——樑、柱、牆，就是演講的大綱；房內的規劃、設計——客廳、飯廳、廚、臥室、書房等，則是大綱中的小綱目；各廳室的各類家具、擺飾——沙發、桌椅、床、壁畫等，就等於演講所蒐集的各類相關資料。

基本上，一篇演說的大綱擬定，可分成三部分：1. 開場白；2. 主文；3. 結論。這就像餐廳的菜單（Menu）一樣；分別是：1. 開胃菜（Appertizer）；2. 主菜（Main course）；3. 甜點（Dessert）。開胃菜的功能，是讓你對這頓餐有胃口，就是使你的胃有食慾。演講時的開場白，其功效就像開胃菜一樣，使聽眾一開始就對你的演講有「聽」慾、有興趣。主菜，當然是這頓餐的主力軍，要好吃也有營養。這就是演講的主文，讓聽眾愛聽，同時也要有「營養」（所謂受益良多也）。演講的結論，就等於整頓餐後的甜頭，柔和你那吃很飽的胃。結論的作用，則是綜合演講的重點，讓聽眾留下一個深刻的印象，而回味無窮。

從這「開場白」、「主文」、「結論」三個結構，再逐步去完成整個演講的大綱和小綱目。在此特別選兩篇我演講所擬的大綱、小綱目，當成案例，以供參考。

案例：

講題——「談笑風生幽默心」或「幽默的人生是彩色的」

⊙開場白——

（大綱）：強調幽默、風趣的重要性。人與人最短的距離就是——笑，而幽默、風趣則是製造「笑果」的主要工具，也是快樂、愉悅的泉源。刻板、枯悶的日子令人無趣、乏味，然而幽默、風趣的時光，則可使人生充滿著樂趣和彩色。

（小綱目）1. 講一則能令全場哄堂大笑的笑話。

2. 講述國人在家庭或職場上，缺乏幽默感的小故事。

⊙主文——

（大綱）：一、幽默、風趣的功能。

（小綱目）1. 增進人際關係與人際溝通效果。

2. 增添生活樂趣與工作效率。

3. 增強身體免疫系統，有助健康。

4. 增加個人的魅力。

5. 有助化解衝突、對立情況。

6. 降低他人的敵意和排斥感。

7. 減低壓力、失敗、挫折等的殺傷力。

8. 有利於社會祥和、愉悅之氣。

（大綱）：二、幽默、風趣的正確認知。

（小綱目）1. 是好玩、是趣味。

2. 是「反常」為主。比如：巧合、諧音、意料之外、逆轉等等。

3. 是「優越」為輔。比如：機智（或急智）、諷刺、嘲弄他人、自嘲自解、糗人或虧人等等。

4. 最重要的是，幽默、風趣是悅人也悅己，而非傷人而損己（即使是當眾嘲弄人家，也要有把握被你嘲弄的人不會生氣）。

（大綱）：三、如何培養幽默感、增添風趣能力。

（小綱目）1. 保有一顆赤子之心（即童心未泯）。

2. 情緒要鬆，心胸要開，幽默、風趣自然來。

3. 懂得適時、適地、適人的放下身段。

4. 跳出傳統、古板的思維框框，才會有創意、想像力。

5. 多觀察、多領悟生活周遭的人、事、物等。

6. 多體會他人的幽默，多看笑話集（甚至「冷笑話」）、喜劇片或人生雋言妙語。

7. 先學會自我消遣之道（即自嘲自解）。

8. 多練習說笑話或大膽地嘗試幽默、風趣。

⊙結論——

（大綱）幽默、風趣是一帖廉價又不苦口的良藥，不但對人際關係有幫助，也有助身心健康，不妨多加使用。

（小綱目）舉一、兩則幽默的小故事（最好是跟聽眾的工作或生活作息相關的笑話）。

◎演講的進行過程與表達技巧

⊙前置作業——到演講場所先前的準備事項。

1. 備妥演講稿。平時就要把演講稿（包括大綱、小綱目、小細目）全文強記、熟背。出發前再複習一遍最妥。

2. 打理好儀容、服裝。穿著最合宜、恰當的正式服裝。

⊙提早到達演講會場。最好能早到半個小時（至少也要早到十五至二十分鐘），做演講前的檢測工作。包括觀看場地、講台，測試麥克風或其他演講要用的器具，如白板、電腦等等。甚至再複習、瀏覽一回演講稿。

⊙演講前注意事項：

1. 很客氣的請主持人（司儀）在介紹主講人時，提醒他（她）請聽眾合作一下——關手機（或調成靜音）。

2. 如果現場聽眾沒坐滿，經常會坐得零零散散，尤其是前幾排座位往往是空蕩蕩的（國內的聽眾都很「客氣」喜歡往後坐），那種狀況演講時的FU會很差，而聽眾的「迴響」效果也很弱。這時一定要拜託主持人想辦法讓聽眾移動「尊駕」，請大家往前、往中間密集地坐（稱之為「集中人氣」）。如此才易發揮演講者的「講力」，同時也增強聽眾彼此之間的「感染」和「回應」力。

第三節　旗開得勝開場白

設計一個精采、引人入勝或出人意料之外的開場白，把聽眾的注意力、興趣或情緒提到最高，即已邁出一場演講成功的一大步。

古時宋、元兩代以說書為業的人，將開頭稱之為「得勝頭回」，就是強調公眾表達時，「起頭」、「開場白」的重要和關鍵性。現代的口語，說服傳播研究指「開場白」稱為「首因效應」（Primacy effects）。表示能在開場時建立良好的第一、首要印象，後續的發言、表達均因而受惠。因此，在演講一開始，能設計一個精采、引人入勝或出人意料之外的開場白，把聽眾的注意力、興趣或情緒提到最高，即已邁出一場演講成功的一大步（所謂「好的開始就是成功的一半」，等於「旗開得勝」也。

◎如何設計、策劃一個成功的開場白？

開場白的主要功能，主要是在演講一開頭，即能集中全場的注意力，提高聽眾想聽這場演講的情緒，拉近與全場聽眾的「親和」與「認同」的離近，或是揭示演講主要內容（主文）的重點，以增強聽眾聽講的興趣。因此，開場白的設計，最佳之策即要從其功能切入和展現。例如：

▲出奇制勝——在台灣的立法院，立法委員們在質詢官員時（也是一種公眾表達），為了

達到「做秀」效果，經常是花樣百出，各類輔助質詢的道具，亦紛紛出籠，包括大字報、各種物品甚至動物、植物都搬秀上台。他們這種「出奇」的質詢開場，無非是想引起在場傳媒記者們及全場人士的注意，以強化其「質詢力」。

演講時的開場白，亦可「出奇」的運用些道具，在開場時段引起全場的好奇心和注意力，甚至還能帶動全場聽眾的參與，來達到「旗開得勝」的功效。

一九九〇年，統一企業針對年輕人，規劃一項長達數年，名稱為「夢公園」的大型公益活動。其中一大項目，就是邀請國內知名的專家學者、公眾人物（以電視名主播為主），用「人生規劃、黃金十年」為題目（談「生涯規劃」），到全國許多高中、大學的周會演講。那時，我也是被邀請的演講者之一。

我深知青年學生對學校的周會演講，大多是興趣缺缺（原因在前文「如何擬定演講題目」的單元中，有詳述），因此我就採用「出奇制勝」的方式當開場白，結果是場場得勝，效果奇佳。

一九九〇年，歌手林強以一首「向前行」台語歌，異軍突起紅遍歌壇。我知道那時的青年學子，都很喜歡這首具搖滾風格輕快節奏「向前行」，因此我就在每場「人生規劃、黃金十年」的演講開場白，以播放這首歌（只播第一段）來開場，並且唱到第一段的最後兩句——「～什米攏嘸驚，向前行」時，我就帶動全場學生一齊唱（哈！當時的學生大多只會唱這兩句），剎那間，全場熱烈的氣氛High到極點。接著我即刻關掉卡帶，就以這首歌的歌詞和林強的故事，導入「生涯規劃」為題的演講主文。

二〇〇五年，我在中國大陸上海的「超級巨星演講會」中，也是以歌曲的前一段當開場白（因為是在中國大陸，「向前行」是台語歌，不易產生「共鳴」，因此我就用英文歌「stand by me」），結果全場一千多位聽眾都站起來，高舉雙手左右搖晃，群情High到極點。然後我再以stand by me的歌詞導入演講的主體——「魅力行銷」。後來在上海或濟南，主辦單位都要求我以「stand by me」當開場白，因為效果奇佳。

◎秀出風趣，博取聽眾好感

▲幽默取勝——幽默、風趣是很容易拉近人與人之間的距離，是製造場面輕鬆、愉快的一幅清涼劑。因此，在開場白能展現幽默、秀出風趣，即很快就能博得全場聽眾的好感，掌握大家的注意力。

但是，在演講的開場時，一下子要以幽默、風趣的言談，或是講個笑話和說個有趣的小故事，讓全場能莞爾一笑，甚至哄堂大笑，這必須靠相當的經驗和功力了。換言之，主講者一定要非常有把握能讓全場的聽眾會笑，才使出「幽默開場」這一招。否則幽默後或笑話講完，全場鴉雀無聲、毫無反應，那就弄巧成拙，搞得場面很尷尬了。

我個人演講時，很喜歡用幽默、風趣的方式當開場白。一方面我的演講經驗夠（近萬場的演講場次），相當有把握能讓聽眾笑；另一方面我的演講或授課風格是採風趣、幽默式的，用幽默、風趣方式當開場白，雖然難度較高，但是其「旗開得勝」的功效奇佳。其要訣無他，只是「熟能生巧」也。常用或用的「順口」，就能臻達「信手拈來」的境界。

幽默方式開場，除了要有能耐把全場大多數聽眾「搞」笑之外，其幽默或笑料的內容，最好要跟當天的演講主題或演講現場的人事物相關聯，才能達到開場白最佳的功效和迴響。

▲用「問題」得分——在演講開場白的諸多招式中，以「各位聽眾朋友，你們知道嗎？……」或「為什麼……？」這種提出問題或反問聽眾的方式當開場白，是一種很直接就能引起全場聽眾注意和互動的招式，而且不容易出狀況（失分）。尤其是提問一些「驚人之語」的問題時，更能引發聽眾的好奇心，而達到抓住聽眾注意力的功效。

例如，我在講「兩性關係」方面的演講時，有時就採這種「問話式」當開場白。「請問各位，近年來台灣的離婚率，在亞洲各國中是排第幾名？」如果有聽眾回答：「第一名」，我就會說：「答對了！請大家給他掌聲鼓勵。」假如有人回答：「第二名」或「第三名」，我就笑一笑：「有些事不必那麼謙虛，明明是第一名，為什麼要說第二、三名呢？」全場的反應往往是哄堂大笑。

演講的開場白可謂變化多端，除了上述幾種以外，有時因人、事、地、物等臨場的靈感，開個精采而又出乎人意料之外的頭，有時可用當天或那陣子的重大新聞或話題，當開場白，亦能產生絕佳的開場效果。但是，不管用什麼方式或招式當開場白，請注意，一定要能發揮開場白的主要功能，包括：引起全場的注意、拉近與聽眾的距離，同時也要和演講的講題或主文相關聯，最好能順便把演題內容（主文）的重點「開」出來。

◎開場白五大忌諱

演講的開場白開得漂亮、吸引人，等於是這場演講一開始就「加分」。然而，有些演講者，卻在開場白中就被聽眾「扣分」。讓聽眾一開始就興趣缺缺、失望，甚至產生反感。這類遭受「扣分」的開場白，主要原因就是犯了下述幾項開場白的「過」錯：

一、離題「過」遠：閒扯一些跟演講主題毫不相關的話題，導致聽眾想聽講的興趣降低。

二、耗時「過」久：開場白有如「開胃菜」，它的分量不能超過「主菜」。開場白如果講得太久，就等於喧賓奪「主」，會讓聽眾聽講的熱忱度下降。

三、陳義「過」高：有的主講者喜歡在開場白中，特別強調演講主題的重要性，甚至以高分貝，一而再的加強語調或用誇大的措辭，講述這場演講如何如何跟聽眾相關或如何如何重要。結果講到內容後，聽眾往往覺得沒有預期中那麼好，聽得很失望，甚至沒聽完演講就離席。

四、客套「過」度：在任何演講一開始，主辦單位通常都會以推崇、誇讚或恭維的場面話，來介紹主講者的優異學經歷、專業成就、著作等身以及在此領域的知名度、權威性等等。而主講者在開場白中，往往也會先禮貌性的客套兩句，比如：「剛才主持人在介紹時，對我的誇獎、謬讚，實在不敢當……」然後就切入準備好的開場白。

但是，有些主講者常在開場白中，講一大堆客套話，什麼「今天鄙人（或不才、小弟等）真是萬分榮幸（或三生有幸），能有這個機會在此跟各位討教……」，不然就是「剛才主持人對我的誇讚，實在實在萬分的不敢當，在這個領域中，其實我還是個新兵、菜鳥，還要跟大家學習、討教……」。或者「來到貴單位演講，對我而言，還是種新的嘗試、新的經驗，如果講得不好，還得請各位多多包涵，多多指教……」等等。客套，是種禮貌；謙虛亦為美德，然而過度的又一而再的客套、謙虛，會令聽眾感到很不耐煩，甚至對主講者的信心打折扣。

五、「過」於直接：就是「開門見山」的直接講入主文，根本沒有開場白。這就像「開胃菜」沒有，直接上「主菜」，胃口還沒開，主菜不易下嚥。聽眾的聽講情緒，尚未就「緒」，或是有些聽眾還沒就位（遲到者），就直接開講主文，容易造成聽眾「措手不及」或愕然不適之感。

◎心悅口服靠主文

我們去吃喜酒或吃西餐時，除了頭一兩道開胃的「前菜」和最後的一道甜點、水果之外，其餘一道一道的山珍海味，均稱之為主菜。這些色、香、味俱全的主菜，其分量約佔全部宴席的百分之八、九十。因此，主菜平均水準的良窳，才是來賓評論這場喜席好不好吃的主要依據。

演講也是一樣，主文（亦稱「正文」）是佔全篇演講的十分八、九，是整場演講的「主體」（Body）。因此，主文的優劣、強弱，即為聽眾評價這場演講是否精采的主要根據。

如何讓一篇演講的主文精采、引人入勝，讓聽眾如沐春風、心服口服呢？其要訣是五「言」俱全：

一、言之有物：古時說書講求「鳳頭、豬肚、豹尾」，「鳳頭」指開場白，要漂亮、吸引人，「豹尾」是結論要有力、俐落，「豬肚」就是強調主文要有「貨」、豐富而有吃頭，意思是主講者的主文內容要豐富可取。

二、言之有理：講道論理，是演講時說服聽眾最根本和不可動搖的支柱。演講的內容，不管是主要論點或次要論述，必須要提出事實、證據和推論，才能使聽者深信其講述內容是有道理、是合乎邏輯的，才能讓聽眾心服口服。

三、言之有情：俗曰「有骨有肉」。在演講的主文中，「骨」是指「理」，「肉」則是「情」。演講的內容，「理」與「情」是密不可分，必須兩者兼具，相得益彰的配合運用，就能產生「合情合理」的說服威力，而令聽眾更能信服和認同主講者的論點。

四、言之有趣：佳餚美食，講究色、香、味俱全。如果「味」是「理」而「香」是「情」，那麼「色」就是「趣」了。所謂「秀色可餐」，即指菜「色」好看得令人想吃。演講內容除了「合情合理」之外，再加上「有趣」，就等於好聽的令聽眾更愛聽。所謂「趣」者，即風趣、幽默有趣味，穿插於「合情合理」的主文之間，更能增強演講者的個人魅力。

五、言之有序：在演講的主文中，最好要能依照某種邏輯，加以串聯，而這種以主要論點或次要論點所有失序的排列方式的邏輯，即為主文架構。依其架構再做論述、表達，就能講得條理分明。美國多位口語傳播學者的研究發現，演講主文架構的條理明確度愈高，聽眾對演講內容的領悟和記憶也跟著愈好；反之，主文內容如果缺乏條理分明的架構，天馬行空或紊亂無章的演講，即使內容再豐富或論點再精闢，聽眾就容易聽得「霧煞煞」，自然就減弱演講者的吸引力。

◎回味無窮在結論

一場完整的演講，應做到「有頭有尾，有骨有肉」，而一場精采的演說，則要能展現「鳳頭、豬肚、豹尾」的魅力。所謂「豹尾」是指以一段簡潔有力、打動人心的結尾（或稱結論、結語），給這場演講劃下完美的Ending。讓聽眾更能心悅誠服而回味無窮，甚至再次的想聽你的演講。

第四節　公眾口語表達技巧

演講也是一樣要「講作俱佳」，運用頭部、五官（尤其是眼神）、手足、十指等，靈活的配合演講內容、聲調，相輔相成的表達出來。

無論是演說或任何型態的公眾表達，絕大多數是以口語傳播的形式，來表達、傳遞其內容。如果能表達的令人「心悅誠服」的接受，或有「於我心有戚戚焉」的感受，即表示是位成功的表達者。

每個人表達能力的強弱、優劣，絕不是天生的，多是靠不斷的學習、演練以及改進而來的。而這種能使人「心悅誠服」或「如沐春風」的表達能力，任何人都可以培養和訓練的。

◎口語表達的技巧與訓練要領

一、**語言使用**：用聽眾最歡接受和最易懂的語言表達，即可增強聽眾的接受、認同功效。

二、**措辭遣字**：要注意字詞的適當、得體、精準度，肯定性，同時要能以平易、生動以及豐富的詞彙，以提高其文句魅力。

三、**聲音調控**：無論是「仰、揚、頓、挫」，發音精確度、速度快慢、音量大小，均要像音響般，做最恰當的調控，並且要展現出「聲音表情」的吸引力。

四、**肢體語言**：講演，不只要會「講」，也要能「演」；表達的「表」字，即「表現」、「表演」之意。京劇講求唱作俱佳，演講也是一樣要「講作俱佳」。這「作」字就是「作功」、「表演」，也是指所謂的肢體語言。運用頭部、五官（尤其是眼神）、手足、十指等，靈活的配合演講內容、聲調，相輔相成的表達出來。不但能增強表達時的生動性、說服性，更能展現演講的「講台魅力」。

這些表達技巧的要訣，除了練習之外，還是練習。用錄音機錄下自己的演講，反覆的聽。面對鏡子訓練自己的肢體語言，一再的演練。這種練習、演練，甚至苦練的功夫下得愈足，能達到演講表達時，「講作俱佳」的效果就愈強。

◎即席演說或公眾表達的要領

無論是一場演說或在公眾面前發表一席話（例如應邀在各類慶典、婚喪喜慶的致詞，或是會議報告、簡報、心得報告、感言等等），通常都有時間去準備，因為事先就知道。然而，有些場面是卻令人意想不到或毫無心理準備。臨時被主持人或主人當場指名邀請發表一段話。

狀況一：在公司一場慶功宴中，主管突然：「這次公司能贏得這筆大CASE，大功臣之一就是業務部的雅文小姐，我們請雅文發表些感言，好嗎？」

×××××

狀況二：一個團體的慶生會，主持人在大夥吃蛋糕時：「我們請大家最敬愛的劉大哥，為我們今天的壽星，致一致賀詞，來，大家掌聲請劉大哥！」

×××××

狀況三：在一個機構或研討會的會議結果後，主席或主持人當眾說：「感謝各位參與今天這場會議，能順利結束完成下午的議程。現在還有半個小時的時間，請各位先生、女士發表些意見或感想……」，結果在場上百人都靜悄悄地坐在席位上，面面相覷，就是沒人舉手站起來發言。主席掃視全場後：「我們請業務部的張主任發表發表高見……」。

類似上述的狀況，其實在我們生活應酬中或工作上，臨時防不勝防的被指定起來說些話、發表點意見，可說是經常會遇到的事。結果被指名要說話的人，往往是進退維谷或手足無措。說話嘛，突然之間不知要說些什麼，腦袋一片空白；不說些話嘛，似乎又不給主持人（尤其是長輩或上司）面子，而且在座的掌聲又那麼熱烈。怎麼辦？

下策：

1. 坐在位子上不動，然後猛搖頭或搖手，堅持保持沉默不語，搞得整個場面很尷尬。

2. 站起來給主持人和全場人士拱手又鞠躬：「對不起、對不起，我實在沒準備，真的不知道要說什麼。真的對不起、抱歉……」哈！真是廢話一堆。臨時被點到名說話，請問，誰有準備了。

3. 笑瞇瞇的站起來：「主持人點錯人了，我是全場最不會說話的人（或最沒意見的人），在場比我會講話、口才好的人多的是。我建議主持人請別人發表高談……」更糟糕的是自己不願說話、發表意見，還發揮「推己及人」的精神：「我實在不知道要說什麼，我們請公司公認的名嘴林副理發表高論，好嗎？來，來，大家掌聲歡迎林副理……」把「燙山芋」丟給別人，人家會高興接手嗎？

4. 被主席點到名後：「我真的沒想到主席要我說話，雖然我心裡沒準備，也不知道要說些什麼。但是主席既然指名要我先發表淺見，而大家又都很客氣不發表高見，我只好恭敬不如從命，先談一點我個人的感想……」這一席話雖屬客套話，但略嫌多餘。而更令人全場受不了的，則是他那「一點」個人的感想——既無重點，又言不及義，東扯扯、西聊聊，口沫橫飛，不知所云的講了半個小時。全場聽得面面相覷，主席在台上也皺著眉頭，心想真是點錯名了。

上策：

1. 不婉拒、不推辭，不裝腔作勢、不扭捏，落落大方的保持冷靜，從容自信地發表談話。如此的「態勢」，等於未發言就加了分。

2. 由於突然被指名說話，心裡也沒準備。再則在座的人士，大多沒期待你發言「過長」，甚至不希望你太久（比如，喜慶或壽宴時，會耽擱大家用餐時間，或開會時，大家都希望早點散會）。因此，發言務必精闢、簡潔，最理想的時間是三、四不超過五分鐘為原則（大約一千五百字左右）。當然也不宜「過短」，如果「三言兩語」的草草結束發言，會讓大家（尤其是主持人或主人）覺得你沒誠意，草率的應付了事，那還不如不講呢！

3. 雖然要在三、五分鐘之內，講一席「言之有物、言之有理、言之有情、言之有趣以及言之有序」的短講，似乎很難。但是只要掌控整個發言的架構——簡潔的開場白、扼要結實的主文以及精闢有力的結語，其實並不難。

◎平常有練就能急中生智

案例（一）：我在擔任文化大學大眾傳播系主任期間，有一次學校的城區部開導師研討會。文大的董事長、校長等「長官們」均列席指導，出席的各年級導師近兩百位，主席是城區部的林主任，研討會議開始則是董事長、校長、學務長的致詞，接著就是該研討會的重頭戲——專題演講，主講者是一位心輔室的博士，講有關大學師生之間的互動問題。大約一個小時的專題演講後，接著就是五十分鐘的自由發言研討。

主席林主任就接著大家說：「各位系主任、導師，請針對當導師的心得或與學生們互動的相關問題，提出寶貴的意見……」結果全場鴉雀無聲，竟然沒人舉手發言，全場一陣沉默的氣息，讓主席頗覺尷尬。主席只好又催促：「請各位不要客氣，多多發表高見……」全場依然靜悄悄沒任何回應。主席當然不可能因為沒人發言，而提早結束研討會，最後主席就使出指名發言的狠招，目掃全場後：「我們就先請大眾傳播系，方主任發表他當導師多年的心得和高見，好不好？」接著就是一陣熱烈的掌聲響起。

我真的做夢都不會想到主席會點名要我先發言，因為當天我有課，所以遲到半個鐘頭才進場，自然就坐在會場的最後位置，根本不會被主席看到。沒想到還是躲不掉主席的法眼，被點名上台發言。

掌聲一停，我面帶微笑的站起來，從容不迫地走到發言台：「主席、董事長、校長、各位主管、導師，俗曰『笨鳥先飛』，林主任顯然是覺得我比較『笨』，所以才指定我先發言」全場哄堂笑聲後：「擔任多年導師的感受和心得有兩點，一、身教重於言教……，二、要多了解學生……。以上兩點淺見，希望能『拋磚引玉』，謝謝各位！」（全部發言時間大約四分卅秒）。

會議結束後，有好幾位同仁過來致意，除了誇獎我講得很好以外，還好奇問我是否事先知道主席會指名我發言，所以有「備」而講，我就說心理毫無準備被指名發言，而剛剛所講的「講稿」，是我步上發言台中間（大約二十幾秒）冷靜地「備」起來的，就是依照「開場白、主文、結語」的架構「備」的。

◎簡短演講也能引人歡笑

案例（二）：我有一位經商有成的好友姓劉，英文名字叫Peter，兩袖善舞，為人海派，結交不少黨政、財經界要人。幾年前Peter母親八十大壽，他就在一家五星級飯店擺了三十幾桌為母親做壽。

出席壽宴的來賓有三百多位，稱得上冠蓋雲集（有立法院長、國民黨秘書長、兩位部長、三位立法委員、三位台北市議員、一位大學校長）等，星光閃閃（一整桌A咖級演藝界名人），其餘大多是商界的老闆們以及Peter的親朋好友。

壽宴上菜前，除了Peter在台上一段簡短的客套場面話之外，接著主持人（一位演藝圈的知名女生節目主持人）即開始邀請在場的黨政要人上台致賀詞，由於這些要人事先都知道要上台講些祝壽的話，因此每位要人都是有備而來，甚至有的還把準備好的講稿拿在手上唸呢！

這些黨政要人，大概是這種祝壽賀喜的場子跑多了（尤其是民意代表，有的一個晚上要跑好幾攤），因此各個均能言善道，什麼「萬壽無疆，壽比南山」等長命百歲的祝詞賀語，可說是費盡心思，但聽來卻千篇一律，了無新意。等他們接力賽般的講完時，已經是八點多了，當然在場全部來賓早就肚子餓了。結果我以為要上菜時，Peter突然跑上台對著主持人示意暫時別宣佈上菜，然後拿著麥克風：「各位貴賓、親朋好友，很對不起，再耽擱一點點各位餓肚子的時間。剛剛壽星堅持要我再請一位來賓上台致詞，也就是我的好友文化大學大傳系主任方蘭生教授，由於母命難違，我們用熱烈掌聲歡迎名演說家方教授……」

我當場傻住了，第一個反應就是不能上台講，因為眾「餓」難違，因此即刻站起來對著台上的Peter拱拱手，並用手指著手錶然後再搖搖手，意思很明白表示時間太晚了，不便再上台湊個致詞的熱鬧。然而萬萬沒想到，坐在主桌的壽星竟然站起來朝著我招手，示意要我上台講話，並且還帶動全場鼓掌。哇！這下子我真是頭大了，上台講，怕來賓怪我不知好歹（肚子餓那麼久了，還講），不上台嘛，壽星劉媽媽會覺得我不識抬舉，真是令人進退維谷。

壽星最大，我決定上台讓劉媽媽開心。一邊急步走上台，一邊腦筋急轉彎想段「簡短」的賀壽講稿。

「今天的大壽星劉媽媽、院長、各位委員、議員以及各位貴賓。俗曰：仁者壽，我覺得仁慈者更高壽……」接著我就講了一則慈母劉媽媽如何仁慈的小故事。因為故事講得比較輕鬆幽默，全場笑聲連連，當然笑的最開心的莫過於壽星了。

WIN013

天天練習說話魅力——傳播名師教你溝通、談笑、發Line、說服、演講的11道魅力說話術

作　者—方蘭生
編　輯—王克慶
封面設計—邱欽男
內頁設計—東豪印刷事業有限公司
董事長—趙政岷
出版者—時報文化出版企業股份有限公司
108019台北市和平西路三段二四〇號三樓
發行專線—（〇二）二三〇六六八四二
讀者服務專線—〇八〇〇—二三一七〇五・（〇二）二三〇四七一〇三
讀者服務傳真—（〇二）二三〇四六八五八
郵撥—一九三四四七二四時報文化出版公司
信箱—10899台北華江橋郵局第九十九信箱
時報悅讀網—http://www.readingtimes.com.tw
法律顧問—理律法律事務所　陳長文律師、李念祖律師
印　刷—盈昌印刷有限公司
初版一刷—二〇一五年十一月二十七日
初版三刷—二〇二〇年四月八日
定　價—新台幣二四〇元
版權所有　翻印必究（缺頁或破損的書，請寄回更換）

時報文化出版公司成立於一九七五年，
並於一九九九年股票上櫃公開發行，於二〇〇八年脫離中時集團非屬旺中，
以「尊重智慧與創意的文化事業」為信念。

天天練習說話魅力－傳播名師教你溝通、談笑、發Line、說服、演講的11道魅力說話術／方蘭生著. -- 初版. -- 臺北市: 時報文化, 2015.11
面;　公分. --（WIN；013）
ISBN 978-957-13-6467-4（平裝）

1.說話藝術 2.溝通技巧 3.人際關係

192.32　　104024521